U0714492

中外文稀有版本文献

《家庭、私有制和国家的起源》

③

家族私有财产及国家之起源

【德】弗里德里希·恩格斯◎著
李膺扬◎译

中央编译出版社
CCTP Central Compilation & Translation Press

《家庭、私有制和国家的起源》的出版与传播

（代序）

一　国外主要版本和传播情况

恩格斯的《家庭、私有制和国家的起源》（简称《起源》）先后出了六版，其中第二版和第三版是第一版的翻印，第五版和第六版是第四版的翻印。因此，在这里将着重介绍第一版和第四版的出版与传播情况。

（一）《起源》第一版的出版与传播

1.《起源》第一版的出版

1884 年 10 月初，《起源》在瑞士苏黎世问世，署名弗里德里希·恩格斯，著者为第一版写了序言。《起源》之所以在瑞士苏黎世出版，而不是在德国出版，是因为当时德国正值反社会党人法时期，而《起源》又并非是一部单纯的学术著作，而是指导无产阶级革命的理论武器，因此在这样的背景下，如在德国出版《起源》，则很难不被查禁。关于这一点，恩格斯早在 1884 年 4 月 26 日给考茨基的信中写道："关于**专偶制**那一章，以及关于私有制是阶级矛盾的根源和破坏古代公社的杠杆的那最后一章，我根本**不可能**写得适合反社会党人法的要求。"因此，"写得好，就一定被查禁；写得坏，就会得到许可。可是按后一种

做法，我办不到”①。正是在这种背景下，《起源》第一版在瑞士出版。

2.《起源》第一版的传播

在《起源》写作过程中以及第一版出版后，纷纷有译者与恩格斯联系希望能够翻译《起源》，其中涉及意大利文译本、波兰文译本、罗马尼亚文译本、丹麦文译本、法文译本、英文译本和俄文译本等。

关于意大利文译本，意大利社会主义者帕斯夸勒·马尔提涅蒂曾经在 1884 年 11 月 18 日致信恩格斯，询问可否将他的两部著作——《起源》（马尔提涅蒂当时正在翻译这部著作）和《德国农民战争》合成一本书出版。② 针对马尔提涅蒂的提议，恩格斯回信表示：“该书的题材和《起源》一书的题材毫无共同之处。因此……后一著作单独出版好，至于出版的方法，我完全听从您的决定。”③ 1885 年 4 月 11 日前，马尔提涅蒂完成了《起源》的翻译工作，并将译稿寄给恩格斯。恩格斯在收到译稿后，于 4 月 11 日回信并对已读部分给予高度评价，恩格斯说：“我给您写这几行字，仅仅是为了告诉您译稿④已经收到并且正在校阅。希望过十天半个月后，能将译稿连同我的意见和建议一起寄还。就我至今已经读了的那部分来看，我认为译得很好。”⑤ 由于在同一时间内，恩格斯还收到了一份《起源》的丹麦文译稿，同时恩格斯还要校阅《资本论》的英文译稿，因此直到 1885 年 5 月 19 日，恩格斯才将《起源》意大利文译稿校阅完并寄出。恩格斯在 1885 年 5 月 19 日致马尔提涅蒂的信中说：“译稿和我的意见一并用挂号寄上。很遗憾，我没有很好掌握意大利文，不能更好地表述这些意见；我还是希望这些意见您都能懂得。使我惊奇的是，您从未在德国生活过，也没有在德国研究过语言，却那么好地转达了我的思想。我只发现有几个略语、俗语和成语译

① 《马克思恩格斯文集》第 10 卷，北京：人民出版社 2009 年版，第 515—516 页。

② 参见《马克思恩格斯全集》第 36 卷，北京：人民出版社 1974 年版，第 754—755 页，注释 265。

③ 参见《马克思恩格斯全集》第 36 卷，北京：人民出版社 1974 年版，第 263 页。

④ 恩格斯《家庭、私有制和国家的起源》一书的意大利文译稿。——原编者注

⑤ 《马克思恩格斯全集》第 36 卷，北京：人民出版社 1974 年版，第 293 页。

错了；这些话对于一个不知道该国日常用语以至方言的人，是不能很好领会的，这些话无论在语法书上或词典里都是没有的。许多地方，只要您很好地领会了意思，我认为您可以译得更灵活、更大胆些。我担心，关于‘马尔克’的那条注释不够明确。我认为应该刊印的只有这一条注释。其余的只是让您知道一下就行了。如您对这条注释发生什么怀疑，请告诉我，我打算改写。请原谅，校阅拖了很久。白天我忙于口授马克思的手稿，晚上也不总是有空的：在同一时间内，有人寄来了一份丹麦文译稿①要我校阅，更不要说《资本论》② 的英文译稿了。”③ 1885年5月29日，意大利文版的《起源》已经在印刷中，恩格斯在给劳拉·拉法格的信中谈到了他对《起源》意大利文版的评价，即“译者做了他所能做的一切，某些地方确实译得很好。但是，不能期待一个在贝内万托自学德语的人，能把德国成语译成相应的意大利成语。我又不能改正这种缺点，因为我的意大利成语，不是意大利的，只是米兰的，而且这也差不多忘光了”④。1885年6月13日，意大利文版的《起源》应该已经出版，因此恩格斯致信马尔提涅蒂表示“请费神把您的译作寄**六本**给我——这就足够了”⑤。

关于波兰文译本，1884年8月12日，波兰社会党人、政论家玛丽亚·杨科夫斯卡娅-门德尔森（斯·列奥诺维奇）致信恩格斯，请求恩格斯允许将他的著作《起源》用波兰文发表。⑥ 为此，恩格斯于1884年8月中旬回信表示同意，但鉴于德国当时实行反社会党人法的恶劣氛围，所以希望波兰文版一定要在德文版之后出版。恩格斯在回信中说：“同意。——我不得不向您提出的唯一的、但必须遵守的条件是：在全书用德文出版以前，您**什么**也不要用波兰文发表。在德国，此书将立即

① 弗·恩格斯《家庭、私有制和国家的起源》一书的丹麦文译稿。——原编者注

② 第一卷。——原编者注

③ 《马克思恩格斯全集》第36卷，北京：人民出版社1974年版，第315—316页。

④ 《马克思恩格斯全集》第36卷，北京：人民出版社1974年版，第318页。

⑤ 《马克思恩格斯全集》第36卷，北京：人民出版社1974年版，第323页。

⑥ 《马克思恩格斯全集》第36卷，北京：人民出版社1974年版，第746页，注释214。

被查禁，稍一不慎或过早透露，都会引起德国警方的注意，妨碍德文版的推销，甚至很可能使一大批书被没收。因此，收到此信，务请告知，并答应我：您一定履行这个遗憾的必要条件。”[①] 玛丽亚·杨科夫斯卡娅-门德尔森在接到恩格斯回信后，立即在8月20日致恩格斯的信中表示当天就着手翻译。但后来由于未可考证的原因，于1885年出版的波兰文本最终是由J.F.沃尔斯基翻译的。[②]

关于罗马尼亚文译本，恩格斯在1888年1月4日致罗马尼亚政论家、社会民主主义者若昂·纳杰日杰的信中有所谈及，他说：“卡·考茨基……转给我几期《社会评论》和《现代人》，在这几期杂志中除其他材料外，还有您翻译的我的几篇著作，其中有《家庭……的起源》。请允许我对您的劳动表示衷心的感谢，您盛情地承担了这项工作，使这些著作能为罗马尼亚读者所了解。”[③] 据考证，罗马尼亚文的《家庭、私有制和国家的起源》载于《现代人》杂志1885年第17—21期，1886年第22—24期。[④]

关于丹麦文译本，丹麦社会民主党人，社会民主党左派领袖格尔桑·特利尔承担了这项翻译工作。恩格斯在1885年2月底3月初校订了丹麦文部分译稿，认为译得很不错。[⑤] 1885年4月23日，恩格斯在致维拉·伊万诺夫娜·查苏利奇的信中表示仍在校阅《起源》的意大利文译文和丹麦文译文，并阐发了“校订译文有时决不是一件多余的和轻而易举的工作”[⑥] 的感叹。在1889年5月7日致保尔·拉法格的信

---

① 《马克思恩格斯全集》第36卷，北京：人民出版社1974年版，第201页。

② 参见《马克思恩格斯文集》第4卷，北京：人民出版社2009年版，第573页，注释17；《实现亡友的遗愿——〈家庭、私有制和国家的起源〉（1884年霍廷根—苏黎世版）的写作和流传情况》，胡慧琴译，载《马克思恩格斯列宁斯大林研究》1996年第2辑，原载《马克思恩格斯全集》历史考证版第1部分第29卷。

③ 《马克思恩格斯全集》第37卷，北京：人民出版社1971年版，第3页。

④ 参见《马克思恩格斯全集》第37卷，北京：人民出版社1971年版，第533页，注释1。

⑤ 参见《马克思恩格斯全集》第36卷，北京：人民出版社1974年版，第285页。

⑥ 参见《马克思恩格斯全集》第36卷，北京：人民出版社1974年版，第300页。

中，恩格斯再次说明，“特利尔是我的《家庭的起源》一书的译者”[①]。《起源》的丹麦文译本于1888年出版。

此外，《起源》的塞尔维亚文译本也于19世纪80年代末出版。[②]

关于法文译本，恩格斯早在写作《起源》的过程中，就预料到保尔·拉法格会想将《起源》翻译成法文，但是由于担心保尔·拉法格在翻译时的严谨性，因此迟迟没有答应。恩格斯的预料和担心可以从他的书信中表现出来。1884年5月26日，恩格斯致信劳拉·拉法格说：“我预料，我的《家庭……的起源》出版后，保尔一定很想译它，因为那里面的东西正好是他所熟悉的；如果他要译的话，他必须把握住德文字的原意，而不要用他所喜欢赋予它们的意思，因为我根本不会有时间去加工。……我刚刚赶完的那本小册子，在一段时间内将是最后一本独立的著作。”[③] 1884年9月13—15日，恩格斯在致爱德华·伯恩施坦的信中谈及拉法格翻译《起源》一事时说道：“关于翻译我的小册子一事，你说得很好很对。但拉法格是**怎样**翻译的呢？他既不问自己的妻子，也不查词典，一切由他自己干，自作主张：这个德文词相当于那个法文词，而且还以赞赏自己杰作的心情把译稿寄给我。这样干，我自己也干得了。他当然希望马上担负起来，不过我们还得再看一看。”[④] 后来，保·拉法格又表示打算把恩格斯的《起源》一书由意大利文转译为法文，这个打算也没有得到恩格斯的同意。[⑤] 恩格斯在1885年5月29日致劳拉·拉法格的信中说明了他不同意的原因，即“意大利文版的《起源》也在印刷中。但是，你会立刻发现，不大可能从意大利文版译成法文。如果保尔只不过利用它来帮助理解原著，那是他的事情；不然的话，这只能使他搞出低劣的**复制本**和不好的改写本，而我根本不愿意拿出这样的本子给法国人看。译者做了他所能做的一切，某些地方

① 《马克思恩格斯全集》第37卷，北京：人民出版社1971年版，第189页。
② 《马克思恩格斯文集》第4卷，北京：人民出版社2009年版，第573页，注释17。
③ 《马克思恩格斯全集》第36卷，北京：人民出版社1974年版，第156页。
④ 《马克思恩格斯全集》第36卷，北京：人民出版社1974年版，第206页。
⑤ 《马克思恩格斯全集》第36卷，北京：人民出版社1974年版，第762页，注释316。

确实译得很好。但是，不能期待一个在贝内万托自学德语的人，能把德国成语译成相应的意大利成语。我又不能改正这种缺点，因为我的意大利成语，不是意大利的，只是米兰的，而且这也差不多忘光了”①。后来，福尔坦表示有兴趣将《起源》译成法文，并于1885年12月6日在致恩格斯的信中询问恩格斯，寄去一份试译稿。② 1886年1月29日，恩格斯在致弗里德里希·阿道夫·左尔格的信中表示，当时他正在校订“《家庭的起源》——法文译稿”③。恩格斯这里提到的《起源》的法文译稿也许就是福尔坦的试译稿。但最终这项计划没能实现。1893年发行的第一次印刷的法译本是以《起源》的1891年第四版为依据的。④

关于英文译本，英国社会主义者、作家、政论家、马克思女儿爱琳娜的丈夫爱德华·艾威林博士和美国社会主义者弗洛伦斯·凯利-威士涅威茨基夫人都希望能够翻译。从恩格斯的相关书信来看，综合考虑《起源》翻译的难度、英美书报销售业的条件、美国工人运动的发展阶段及美国工人的需要、恩格斯著作的整体英译本情况等，恩格斯更倾向于由艾威林博士来翻译并在伦敦出版《起源》。恩格斯在1886年8月13—14日致弗洛伦斯·凯利-威士涅威茨基夫人的信中说：“现在谈谈《起源》。这本东西比《状况》难译得多，每一页也许都要您付出较多的精力和时间。不过，如果我有时间校阅译文的话，这一点倒不会成为障碍，但您得付出必要的时间和精力，同时页边留宽一些，以便修改。这里还要注意一个情况。既然这本东西要用英文出版，那就应该在出版后使读者在普通的书店里就能买到。我估计《状况》就不会是这样。只要美国书报销售业条件同欧洲没有多大区别，书商就不会出售同他们

① 《马克思恩格斯全集》第36卷，北京：人民出版社1974年版，第318页。

② 《实现亡友的遗愿——〈家庭、私有制和国家的起源〉（1884年霍廷根—苏黎世版）的写作和流传情况》，胡慧琴译，载《马克思恩格斯列宁斯大林研究》1996年第2辑。原载《马克思恩格斯全集》历史考证版第1部分第29卷。

③ 《马克思恩格斯全集》第36卷，北京：人民出版社1974年版，第421页。

④ 参见《实现亡友的遗愿——〈家庭、私有制和国家的起源〉（1884年霍廷根—苏黎世版）的写作和流传情况》，胡慧琴译，载《马克思恩格斯列宁斯大林研究》1996年第2辑。原载《马克思恩格斯全集》历史考证版第1部分第29卷。

没有联系的工人政党的机构出版的东西。正因为此，宪章派和欧文派的出版物任何地方也没有保存下来，任何地方都无法找到，**甚至英国博物馆**都没有；正因为如此，我们德国党的所有书刊在书店里也买不到（早在反社会党人法以前很久就是这样），在党外，读者始终不知道这些书刊。有时候这种情况是无法预防的，但应该尽量避免。四十多年来，我在德国吃过这个苦头，现在我想使我的著作的英译本避免这种情况，这一点您是不会责备我的。英国的情况是：现在或者最近将来能为社会主义著作找到出版者，我不怀疑，明年我在这里能够出版英译本，并使译者得到稿费；此外，因为我早已答应艾威林博士翻译《发展》和《起源》（只要他**自己**能为自己的劳动搞到报酬的话），所以，要知道，美国版不由普通出版社出版，只会减少伦敦版由普通出版社出版并使读者到处都能买到的机会。此外，我并不认为，美国工人目前非需要这本书不可。《资本论》今年年底以前他们就可以买到，对他们来说这是最主要的。我的小册子作为通俗读物为实际宣传的目的服务，未必合适。在目前运动还不发展的阶段，我认为某些法国通俗著作倒是更合适些。……现在再来谈谈《起源》。我不想说，我已经无条件答应艾威林翻译这本东西，但是，如果译本要在**伦敦**出版的话，我认为我必须请他翻译。所以，最后如何处理，这在很大程度上要看您在美国出版这本东西的条件而定。……您自己知道，不仅这一本书，而且可能还有其他许多著作，我都有可能找一家资产阶级商业界中有名的出版社来出英文版，而且这样做有一个好处，就是翻译工作可以在这里进行（这会节省我很多时间），因此，在同意在美国单出版这一本小册子从而破坏整个事情以前，我得好好考虑考虑。同时，在目前美国反社会主义者的恐怖情况下，我怀疑您能找到一个愿意把自己的名字同社会主义著作联系在一起的职业出版者。……现在您可以相信，还要过一些时候美国工人**群众**才会开始**阅读**社会主义书刊。那些**已经在**阅读和将要阅读的人，可以找到足够的材料，他们最不会感到缺少《起源》这本书。盎格鲁撒克逊人的头脑，特别是在美国经过了一番非常讲究实际的发展，一点也不重视理论，除非是迫切的需要促使他们去接受理论，所以我的最大指望就是，我们的朋友们从自身错误的后果中得到的教训，会教育他们去钻研理论。”[①] 艾威林译的《家庭、私有制和国家的起源》一书在恩格斯在世时没有翻译出来。[②]

此外，恩格斯在1884年10月15日致卡尔·考茨基的信中还提道："《起源》一书除要译成波兰文外，维·查苏利奇提出要译成俄文。”[③]但从后来的结果看，该计划没有成行，《起源》的俄文译本后是根据1891年第四版译出的。

综上所述，《起源》1884年霍廷根—苏黎世版出版后，分别出版了意大利文译本、波兰文译本、罗马尼亚文译本、丹麦文译本和塞尔维亚文译本，其中意大利文译本和丹麦文译本是由恩格斯亲自审定的。除此之外，《起源》的法文译本、英文译本和俄文译本也都在商谈之中，但由于种种原因，未能翻译出版。

（二）《起源》第四版的出版与传播

1.《起源》第四版对第一版的修订与补充

自《起源》初版问世至1891年的7年时间里，“对于原始家庭形式的认识，已经获得了很大的进展”[④]。1886年，俄国社会学家柯瓦列夫斯基和瑞士法学家霍伊斯勒分别发表了《原始法权·第一分册：氏族》和《德意志私法制度》；1888年，法国人种志学家勒土尔诺发表了《婚姻和家庭之进化》；1890年，俄国社会学家柯瓦列夫斯基和德国历史学家库诺夫分别发表了《家庭及所有制的起源和发展的概论》和

① 《马克思恩格斯全集》第36卷，北京：人民出版社1974年版，第493—495页。
② 《马克思恩格斯全集》第36卷，北京：人民出版社1974年版，第793页，注释493。
③ 《马克思恩格斯全集》第36卷，北京：人民出版社1974年版，第221页。
④ 《马克思恩格斯文集》第4卷，北京：人民出版社2009年版，第18页。

《古秘鲁的农村公社和马尔克公社》；1891 年，芬兰社会学家韦斯特马克[①]发表了《人类婚姻史》；等等。因此，为了恰如其分地照顾到当时的科学状况，也为了弥补以前各版脱销的供不应求局面，恩格斯决定对《起源》第一版进行修订和补充。

关于《起源》第四版对第一版的修订和补充，恩格斯在 1891 年 7 月 7 日致劳拉·拉法格的信中指出："我正在结束《起源》第四版的修订工作。将有大量的重要补充，首先是写了一篇新序言（校样已寄给腊韦，该文可能在下期《新时代》上发表），其次是家庭一章有重大补充。"[②] 苏联学者文尼科夫曾对《起源》第四版对第一版的修订补充情况做过统计研究，他指出，这些修订和补充包括五种类型，共计 144 处。第一，文字上的修改，不改变本文基本的意义，有 51 处；第二，明确或发挥本文意义的修改和小的补充，有 44 处；第三，采用新的事实资料进一步发挥原来论点的，有 20 处；第四，原则性的修改和补充，有 22 处；第五，修改原文不确切的，有 7 处。按章节来看，第二章修改得最多，共 75 处，占了修改总数的一半以上。其次是第七章。修改不大的是第六、九章。几乎没有什么重大修改的是第一、三、四、五、八章。[③]

2.《起源》第四版的出版

恩格斯自 1890 年开始着手准备出版《起源》新版本。在可考证的相关书信中，恩格斯在 1890 年 4 月 11 日致卡尔·考茨基的信中首次谈及了出版《起源》新版本的事情，他说："昨天还收到了狄茨的来信，我……向他证实我同意……再版《起源》作为国际丛书中的一册。我

① 关于爱·韦斯特马克的名字，《马克思恩格斯文集》第 4 卷译为"爱·韦斯特马克"，《马克思恩格斯全集》第一版第 39 卷译为"爱·韦斯特马尔克"。本书中除部分直接引文中的名字仍采用"爱·韦斯特马尔克"之外，其他相关部分皆采用《马克思恩格斯文集》中的译法。

② 《马克思恩格斯全集》第 38 卷，北京：人民出版社 1972 年版，第 126 页。

③ 参阅文尼科夫：《〈家庭、私有制和国家的起源〉一书的第一版和第四版》，载《民族译丛》1956 年第 5 期。

还答应作一些补充。”① 1890年5月20日，恩格斯已经开始为《起源》新版做资料方面的准备，他写信给弗·阿·左尔格，请求帮忙寻找摩尔根的最近著作——摩尔根的《美洲土著的住房和家庭生活》。② 恩格斯于1890年7月30日前收到了这本书。③

1891年底，经过修改和补充的《起源》第四版在斯图加特出版，虽然具体出版日期不详，但可断定是在1891年11月10日前出版的。因为恩格斯在1891年12月1日致劳·拉法格的信中问劳·拉法格："我三个多星期前寄给你的一本第四版《家庭的起源》，不知收到没有？我往欧洲寄了许多本，均未收到回音。寄往国外的书，哪怕少付半个便士的邮资，英国邮局都干脆予以没收，因此，我开始担心起来。"④

第四版出版后，又于1892年和1894年出版了第五版和第六版，这两版都是在第四版基础上翻印的。⑤

3.《起源》第四版的传播

《起源》第四版出版后，被译成法文（1893年）、保加利亚文（1893年）、西班牙文（1894年）、俄文（1894年）和英文（1902年）等，其中法译文由劳拉·拉法格校订，并经恩格斯审阅。⑥

《起源》第四版的法文版于1893年出版，可以肯定的是，该书是在1893年10月14日前出版的。因为在1893年10月14日恩格斯致劳拉·拉法格的信中，他说："我收到了三册《家庭的起源》的法译本。"⑦

《起源》的俄文译本于1894年在彼得堡出版，由德文第四版译出。

---

① 《马克思恩格斯全集》第37卷，北京：人民出版社1971年版，第374—375页。

② 《马克思恩格斯全集》第37卷，北京：人民出版社1971年版，第408页。

③ 《马克思恩格斯全集》第37卷，北京：人民出版社1971年版，第425页。

④ 《马克思恩格斯全集》第38卷，北京：人民出版社1972年版，第230页。

⑤ 参见《马克思恩格斯文集》第4卷，北京：人民出版社2009年版，第573页，注释17。

⑥ 参见《马克思恩格斯文集》第4卷，北京：人民出版社2009年版，第573页，注释17。

⑦ 《马克思恩格斯全集》第39卷，北京：人民出版社1974年版，第144页。

从恩格斯在1894年6月1日致尼古拉·弗兰策维奇·丹尼尔逊的信中可以看出，俄文译本的出版时间至少在1894年6月1日前，且恩格斯十分严谨地对已读译文给予了不错的评价，他说：“《起源》的俄译本收到，十分感谢。就我读过的情况来看，我认为译文很好，对该书的书刊检查显然也是宽大的。”①

尽管在《起源》第一版出版后，恩格斯便同意由爱德华·艾威林博士将其翻译为英文版，但该译本在恩格斯在世时没有翻译出来。直到1898年艾威林去世，《起源》英文版也未能问世。因此，目前存在的《起源》英译本主要包括以下版本，且都根据《起源》第四版译出。第一，最早的《起源》英译本是由欧内斯特·翁特曼（Ernest Untermann）翻译，美国芝加哥查尔斯·H.克尔出版社1902年出版的版本。该版本主要内容包括第一版序言、第四版序言、正文，书前附译者序言。第二，1940年，英国伦敦“劳伦斯—威沙特”出版公司出版由阿利克·韦斯特（Alick West）译，多娜·托尔（Dona Torr）校的译本。该译本由第一版序言、第四版序言、正文和附录——《新发现的群婚实例》构成，书前附出版者说明。该译本于1941、1942、1943、1946、1972年再版。第三，1942年，美国纽约国际出版社出版《起源》英译本，未署译者，内容包括第一版序言、第四版序言、正文和附录——《新发现的群婚实例》。该版本于1963、1970年重印。1972年，该出版社以1942年版译本为基础，同时依据《马克思恩格斯全集》德文版第21卷（Dietz Verlag，Berlin，1962）中的德文原文对原译本进行了修订，出版了新版译本，即1972年第一版。该版主要内容仍为第一版序言、第四版序言、正文和附录——《新发现的群婚实例》，但在版权页增加了“出版者说明”，在书前附埃莉诺·伯克·利科克（Eleanor Burke Leacock）写的长达67页的导言，在书后附恩格斯的《劳动在从猿到人转变过程中的作用》及编者引言。从1972年版的“出版者说明”中可以

① 《马克思恩格斯全集》第39卷，北京：人民出版社1974年版。

得知，尽管该出版社在1942年版译本中并未署译者，但该译本的译者实为Aleck West，即1940年英国伦敦“劳伦斯—威沙特”出版公司的译本的译者。[①] 经笔者比对，1940年英国伦敦“劳伦斯—威沙特”出版公司译本与1942年美国纽约国际出版社译本确为同一译者的同一作品。第四，1940年，苏联莫斯科外文出版社出版《起源》英译本，未署译者，内容包括第一版序言、第四版序言、正文和附录——《新发现的群婚实例》。1948年，苏联莫斯科外文出版社出版修订本，同样未署译者，内容同样包括第一版序言、第四版序言、正文和附录——《新发现的群婚实例》，但是扉页有“出版者说明”，书前附联共（布）中央马克思恩格斯列宁研究院写的《序言》。在“出版者说明”中，出版者指出，“该版本依据恩格斯1891年的德文第四版进行了重新校订”。1948年版后来于1950、1952、1954、1959、1962、1968、1972、1977、1983、1985年重印。笔者目前只查阅到了1952、1954和1985年的重印本。1952年和1954年的重印本仍由苏联莫斯科外文出版社出版，书前不再附联共（布）中央马克思恩格斯列宁研究院写的《序言》。1985年的重印本则由进步出版社出版。第五，1972年，美国纽约寻路者出版社（Pathfinder Press）出版《起源》英译本，内容包括第一版序言、第四版序言、正文、附录——《新发现的群婚实例》《劳动在从猿到人转变过程中的作用》，书前附Evelyn Reed写的导言和关于翻译的说明。该译本于1973、1975、1976、1979、1983年重印。

此外，《起源》还收录在《马克思恩格斯全集》历史考证版（$MEGA^2$）第I部分第29卷第125—271页；《马克思恩格斯全集》德文版第21卷第25—173页，俄文第一版第16卷（上）第7—153页，俄文第二版第21卷第23—178页，英文版第26卷第129—276页，日文版第21卷第25—178页；《马克思恩格斯选集》英文版第2卷第170—326页；等等。

① 区别仅在于1940年“劳伦斯—威沙特”版将译者印为Alick West，1972年国际出版社版在“出版者说明”中将译者印为Aleck West。

《关于原始家庭的历史》（即第四版序言）收录在《马克思恩格斯全集》历史考证版（$MEGA^2$）第Ⅰ部分第29卷第132—144页；《马克思恩格斯全集》德文版第22卷第211—222页，俄文第一版第16卷（下）第117—128页，俄文第二版第21卷第214—225页，日文版第22卷第217—230页；《马克思恩格斯选集》英文版第2卷第172—184页；等等。

二　国内主要版本和传播情况

《起源》一书是最早传入中国的恩格斯经典著作之一，在中国的翻译和传播经历了个人中文摘译本阶段、个人全译本阶段和新中国成立后有组织的集体翻译出版三个阶段。

（一）个人中文摘译本阶段

这一阶段的时间跨度为20世纪初至20年代末，期间的《起源》译本主要有两个特点：第一，翻译由个人完成；第二，译本并非全译本，而是摘译本，主要刊载在杂志刊物上。这一时期《起源》的主要摘译本如下：

1908年，中国出现了最早的《起源》摘译本。由志达摘译的《起源》第二章的若干段落，发表在《天义报》（日本东京）1908年2—5月第16—19卷合卷刊载的志达的《女子问题研究》一文中。该文将恩格斯这部著作译为《家族、私有财产及国家之起源》。

1920年10月，恽代英译述了恩格斯关于家庭的起源的观点，以《英哲尔士论家庭的起源》为题，发表在《东方杂志》第17卷第19号第50—55页和第20号第67—71页。这里的英哲尔士即指恩格斯，译述的主要内容为《起源》第四版序言和第二章“家庭”的部分内容，译述所依据的文本是《起源》英译本，这些信息在译文前的“译者志”中有所说明。恽代英在“译者志”中指出：“英哲尔士（Frederick Engels）为马克斯（Karl Marx）的挚友，终身在宣传事业中联合努力。读马氏传的，无有不知他的。此篇节译其论家庭起源的意见。原书名‘The Origin of Family Private Property and the State’。”① 另外，需要说明的是，这里之所以称恽代英“译述”的恩格斯论家庭的起源的意见，意在表明这种摘译不是按照原文逐段逐句翻译而成的，而是对部分段落内容的概述性翻译。

1922年1月15日，邓中夏以笔名重远摘译的《起源》一书中关于国家的性质及其如何消亡的论述，刊载在他在《先驱》创刊号发表的题为《共产主义与无政府主义》的文章中。②

1923年8月，熊得山摘译的《起源》第一章、第五章、第六章、第九章，分别以《历史以前底文化阶段》《国家的起源》《未开与文明》为名，发表在《今日》（北京）第3卷第2期第76—81、30—46、57—75页。③

（二）个人全译本阶段

这一阶段的时间跨度为20世纪20年代末至50年代中期，期间的《起源》译本也呈现出两个特点：第一，翻译仍由个人完成；第二，译本主要以全译本的形式出现。这一时期《起源》的主要译本如下：

1. 李膺扬译《起源》译本

该译本由李膺扬根据欧内斯特·翁特曼的英译本译出，并同时参照了西雅雄氏及田中九一氏根据德文版的二种日译本。它于1929年6月10日由新生命书局（上海）出版，书名译为《家族私有财产及国家之起源》，著者译为“恩格尔”，印有“社会科学名著译丛”字样，封面注明

---

① 《英哲尔士论家庭的起源》，恽代英译，载《东方杂志》第17卷第19、20号，1920年10月。

② 参见《恩格斯和马克思主义》编写组编：《恩格斯和马克思主义》，北京：中国人民大学出版社1985年版，第511页。

③ 北京图书馆马列著作研究室编：《马克思恩格斯著作中译文综录》，北京：书目文献出版社1983年版，第206页。

"李膺扬译"，封底注明"校订者周佛海　译者李膺扬"，为竖排平装本。主要内容包括恩格斯写的第一版序言（1884 年）、第四版序言（1891 年）和正文，书前附出版者陶希圣于 1929 年 6 月 14 日写的序和译者序言。

出版者陶希圣在他写的序中介绍了《起源》的价值及出版《起源》的意旨，即"这本书的重要，是在以历史的唯物论来叙述民族学家所发见的材料。这本书的价值，是在民族学家所发见的事实能作历史的唯物论的证明。……本书是民族学开山巨著与历史唯物论交流之产物。我们介绍本书因此也有两方面的意义。第一在使读者得知历史唯物论的具体证据。第二在引起读者对民族学研究的端绪和兴趣"①。

译者在译者序言中简要介绍了《起源》写作的动因、基础、主要内容，以及该译本得以形成的文本依据，写道："本书有如著者在序言中所说，是恩格尔继承马克思在生前有志而未遂的工作所完成者，他根据关于这一问题的摩尔根之划时代的研究，加上自己的研究，并插入马克思的评注……把自蒙昧，野蛮以至文明的人类之生活之历史，由唯物史观的见地，简单地论述。我们从本书，不仅获得在历史研究方法上的一般的指示，更可看到人类原始生活中许多有趣味的事实，与三千年来我们文明基础的一夫一妻家族，私有财产制度及国家之沿革，还有锐利的马克思主义的对此之批评。要想知道马克思学派怎样地看男女关系，怎样地看国家，本书便是极有兴味而且重要的指针。……本书以 Ernest Untermann 的英译为底本；当翻译时，并参照西雅雄氏及田中九一氏根据德文版的二种日译本。"②

该译本在 1929 至 1937 年间，由新生命书局（上海）重印了 7 版，其中自第五版（1934 年 3 月 10 日）起未署校者；在所有 7 版中，恩格斯都被译为"恩格尔"，全名被译为"菲特力克·恩格尔"。具体版本、形式如下：1930 年 3 月 30 日，再版，印有"社会科学名著译丛"字

---

① 《家族私有财产及国家之起源》，李膺扬译，上海：新生命书局 1929 年版，第 2—3 页。

② 《家族私有财产及国家之起源》，李膺扬译，上海：新生命书局 1929 年版，第 1—7 页。

样，竖排平装本。1931 年 4 月 30 日，第三版，印有“社会科学名著译丛”字样，竖排平装本。1932 年 7 月 23 日，第四版，印有“社会科学名著译丛”字样，竖排平装本。1934 年 3 月 10 日，第五版，印有“新生命高等文库”字样，封底无“校订者周佛海”字样，竖排平装本。1936 年 2 月 20 日，第六版，印有“社会科学名著译丛”字样，竖排平装本。1937 年 5 月 5 日，第七版，无“社会科学名著译丛”或“新生命高等文库”等字样，竖排平装本。

1938 年 6 月，明华出版社重印该译本，封面书名同样译为《家族私有财产及国家之起源》，但著者译为“恩格斯”，全名译为“福里特里黑·恩格斯”，未署译者和校者，内容包括第一版序言、第四版序言和正文，同时删去了陶希圣的序和译者序言，竖排平装本。据笔者考证，明华出版社译本基本完全采用了前 7 版李膺扬的译本，区别仅在于两点：第一，将著者译为“恩格斯”。第二，去掉了部分译者注。例如，李膺扬译本“第一版序言”的第二段第一句话为“本书仅对我的故友（即马克思——译者注）所未能完成的工作，做成一点补充而已”①。明华出版社译本为“本书仅对我的故友所未能完成的工作，做成一点补充而已”②。

2. 未署译者、出版者、无出版时间等信息的译本

该译本为横排平装本，封面书名译为《家庭私产及国家的起源》，扉页书名为《家庭，私产及国家的起源》，封面著者译为“恩格思”，“第一版序言”和“第四版序言”末尾著者译为“法兰特里希·恩格斯”，无译者、出版者、出版时间等信息，内容由第一版序言、第四版序言和正文构成，封底有手写“一九三〇年　三、十六”字样。从该译本本身来看，可以确知该译本与李膺扬译本以及明华出版社基本重印的李膺扬译本不是一个译本，除此之外尽管无法获得关于该译本的其他确切信息，但是可以推断出以下内容：第一，该译本的出版时间在

① 《家族私有财产及国家之起源》，李膺扬译，上海：新生命书局 1929 年版，第 2 页。
② 《家族私有财产及国家之起源》，李膺扬译，上海：明华出版社 1938 年版，第 1 页。

1930年3月16日前。尽管无从考证该译本封底手写的时间点具体是购书者标注的购书时间抑或是出版时间抑或只是随手写的过去的一个时间点，但无论怎样，可以肯定的是，在1930年3月16日已经出现了该译本。第二，该译本可能是第一个将著者"恩格斯"译为"恩格斯"的译本。尽管该译本在封面将著者译为"恩格思"，但是在"第一版序言"和"第四版序言"末尾处则将著者译为"法兰特里希·恩格斯"。由于我们可以推断该译本在1930年3月16日前便已出现，早于1938年的明华出版社译本，因此据目前可考资料来看，该译本很可能是第一个将著者译为"恩格斯"的译本。第三，据目前可考资料来看，该译本很可能是第一个在书名中呈现出"家庭"字样而不是"家族"字样的译本。

3. 张仲实译《起源》译本

1939年，张仲实在盛世才反动统治下的新疆，不顾白色恐怖，根据莫斯科马克思恩格斯列宁学院院长亚多拉茨基重新校阅并编辑注释的《起源》俄译本，将《起源》译为中文。该译本于1941年2月由学术出版社（上海）出版，书名译为《家族私有财产及国家之起源》，著者译为"恩格斯"，全名译为"福里特里克·恩格斯"，印有"古典名著译丛"字样，主要内容为第一版序言、第四版序言、正文和附录——《新发现的群婚场合》，书前有译者序言，书中有编者注，竖排平装本。

张仲实的译本后来多次再版或重印，例如，1946年5月，生活书店（上海 重庆）版，书名译为《家族私有财产及国家的起源》，印有"世界学术名著译丛"字样，竖排平装本；1947年1月，生活书店（重庆 星加坡）重印，注明"胜利后第2版"，印有"世界学术名著译丛"字样，竖排平装本；1948年11月，光华书店版，印有"马列文库之六"字样，竖排平装本；1949年4月，新中国书局（印有"东北现名光华书店"字样）（长春）再版，印有"世界学术名著译丛"字样，竖排平装本；1949年4月，生活·读书·新知三联书店第一版，竖排平装本；1949年7月，新华书店（大连）重印，竖排平装本；1950年2

月，生活·读书·新知三联书店（上海）再版，书名为《家族、私有财产及国家的起源》，印有“马列主义理论丛书”字样，竖排平装本；1950年4月，生活·读书·新知三联书店（北京）第三版，印有“马列主义理论丛书”字样，竖排平装本；1950年10月，北京生活·读书·新知三联书店第五版，印有“马列主义理论丛书”字样，竖排平装本。

1954年，张仲实根据苏联国家政治书籍出版局1947年所出的《起源》俄文译本，对自己翻译的《家庭私有财产和国家的起源》一书进行了重新校订，补译了联共（布）中央马克思恩格斯列宁研究院序言一篇，并请人民大学研究部樊亢、谢家、王更生同志根据俄文译本，参考英、日译本校阅一遍，请中国科学院社会研究所汪敬虞同志根据英文译本校阅一遍，请北京大学东方语文系季羡林同志根据德文原文校订前半一部分，[①] 该校订本于1954年10月由人民出版社出版。书名改译为《家庭、私有制和国家的起源》，主要内容有第一版序言、第四版序言、正文、附录——《新发现的群婚实例》[②]，书前有联共（布）中央马克思恩格斯列宁研究院写的《序言》，书后有《译者后记》（写于1954年5月10日），书中有著者注、英文版编者注、俄文版编者注，本版为横排本，分精装、平装两种。

（三）有组织的集体翻译出版阶段

从20世纪初到1949年新中国成立前，马克思、恩格斯、列宁的许多重要著作都已经有了中文译本，但从整体上看，经典著作文本的中国化还存在大量问题，如经典作家的遗著中仍有大量文献尚未翻译介绍；已经出版的译本质量良莠不齐；各种译本译文风格不一，对经典作家的范畴、概念和术语译法不一；等等。在这种情况下，为了进一步提高译

① 参见《家庭、私有制和国家的起源》，张仲实译，北京：人民出版社1954年版，第176—177页。

② 1941年版译为《新发现的群婚场合》。

文质量，更全面地反映经典作家的全部理论，亟须成立一个专门机构来组织指导并从事经典著作文本的翻译工作。因此，新中国成立前夕，周恩来同志于1949年上半年起草了筹建中央俄文编译局的决定，中央俄文编译局于1949年6月正式成立。此后，中央又在中宣部设立了《斯大林全集》翻译室。1953年1月29日，经毛泽东同志亲自批示，中央决定将上述两个机构合并，成立中共中央马恩列斯著作编译局，“其任务是有系统地有计划地翻译马克思、恩格斯、列宁、斯大林的全部著作”①。中共中央编译局成立后，中国的马克思主义经典著作编译事业进入了一个有组织的集体翻译出版的新时代。借着这股东风，《起源》的翻译出版工作也进入了有组织的集体翻译出版的新阶段。

1954—1955年，中国派在苏联外国文书籍出版局工作的同志依据俄文版《马克思恩格斯文集》（两卷本）集体翻译出版了中文版《马克思恩格斯文选》（两卷本），《起源》被收入《马克思恩格斯文选》第2卷②第169—325页，内容包括第一版序言、第四版序言和正文，注明“集体翻译　唯真校订”。《马克思恩格斯文选》（两卷本）在《马克思恩格斯全集》出版之前被广泛使用，1958年和1963年，人民出版社先后两次重印。

1955年，中央编译局正式启动《马克思恩格斯全集》中文第一版的翻译工作，《马克思恩格斯全集》中文第一版依照收录《起源》正文和第一版序言的《马克思恩格斯全集》俄文第二版译出，同时参考了马克思的原著文字。③ 其中《家庭、私有制和国家的起源》正文和第一版序言被收入1965年9月出版的第21卷；第四版序言和“新发现的一

① 中央关于成立马恩列斯著作编译局与撤销中央俄文编译局的决定，参见《思想的历程》创作组编：《思想的历程：马克思主义在中国的百年传播》，北京：中央编译出版社2011年版，第107页。

② 《马克思恩格斯文选》（第2卷），莫斯科：外国文书籍出版局1955年版。

③ 参见《马克思恩格斯全集》第1卷，北京：人民出版社1956年版，扉页。说明：《马克思恩格斯全集》俄文第二版是根据苏联共产党中央委员会的决定，由苏共中央马克思列宁主义研究院编译，苏联国家政治书籍出版局于1955年开始出版的。

个群婚实例”被收入1965年5月出版的第22卷。联共（布）中央马克思恩格斯列宁研究院为《起源》写的《序言》未被收入《马克思恩格斯全集》中。关于中央编译局译校的《家庭、私有制和国家的起源》与以前译本的联系与区别，中央编译局在收录《起源》正文和第一版序言的《全集》第21卷中指出：“‘家庭、私有制和国家的起源’一书，是在人民出版社1961年单行本译文的基础上校订的，并由原译者张仲实同志审阅一遍”①；在收录《起源》第四版序言和“新发现的一个群婚实例”的《全集》第22卷中指出：“关于原始家庭的历史（巴霍芬、麦克伦南、摩尔根）。‘家庭、私有制和国家的起源’一书德文第四版序言”和“新发现的一个群婚实例”二文，是在1961年人民出版社出版的“家庭、私有制和国家的起源”一书（张仲实译）译文的基础上修订的。②

1966年3月，人民出版社出版《家庭、私有制和国家的起源》大16开本单行本，共两册，恩格斯的《新发现的一个群婚实例》作为附录收入本书，书后附注释151条，函装横排本。在该版的封底中，出版社对本单行本的文本来源及内容作了简要说明，指出：“本书中第一版序言和正文部分的译文采自《马克思恩格斯全集》中文版第21卷，第四版序言和附录的译文采自《全集》中文版第22卷。这次排印大16开本时，由中共中央马克思恩格斯列宁斯大林著作编译局对译文作了一些修改。”③

1972年，为了适应读者学习马克思主义的需要，中央编译局编辑了4卷本《马克思恩格斯选集》，由人民出版社于1972年5月出版，封底注明“中共中央马克思恩格斯列宁斯大林著作编译局编”，其中《起源》被收入《选集》第4卷第1—175页，收入内容为第一版序言、第四版序言和正文，未附《新发现的一个群婚实例》。《选集》中《起源》

① 《马克思恩格斯全集》第21卷，北京：人民出版社1965年版，第827页。
② 参见《马克思恩格斯全集》第22卷，北京：人民出版社1965年版，第862页。
③ 恩格斯：《家庭、私有制和国家的起源》，北京：人民出版社1966年版，封底。

的译文采用人民出版社出版的《马克思恩格斯全集》的译文，经过了重新校订。①

1972 年 12 月，人民出版社出版《家庭、私有制和国家的起源》单行本，注明"中共中央马克思恩格斯列宁斯大林著作编译局译"，内容包括第一版序言、第四版序言、正文和附录《新发现的一个群婚实例》，书中有编者注，书后附注释和《族名索引》，横排平装本。

1995 年，中央编译局编译的《马克思恩格斯选集》中文第二版由人民出版社出版发行，扉页注有"中共中央马克思恩格斯列宁斯大林著作编译局编译"。《选集》第二版的译文以第一版为基础，并依据 1975 年开始陆续出版的《马克思恩格斯全集》历史考证版，及《马克思恩格斯全集》德文版、英文版等进行了重新校订②，并对注释和索引进行了增补和修订。经过重新校订过的《家庭、私有制和国家的起源》被收入《选集》第二版第 4 卷第 1—179 页，收入内容为第一版序言、第四版序言、正文，未附《新发现的一个群婚实例》。

1999 年，人民出版社出版了列入《马克思列宁主义文库》的《起源》单行本。

2009 年，由中央编译局编译的《马克思恩格斯文集》10 卷本由人民出版社出版发行，扉页注有"中共中央马克思恩格斯列宁斯大林著作编译局编译"。《文集》的译文根据《马克思恩格斯全集》历史考证版（$MEGA^2$）、《马克思恩格斯全集》德文版（柏林）和《马克思恩格斯全集》英文版（莫斯科、伦敦、纽约）作了重新审核和修订。经过重新审核和修订的《起源》被收入《文集》第 4 卷第 13—198 页，内容包括第一版序言、第四版序言和正文，未收入附录《新发现的一个群婚实例》。

---

① 参见《马克思恩格斯选集》第 1 卷，北京：人民出版社 1972 年版，第 1 页；《马克思恩格斯全集》第 21 卷，北京：人民出版社 1965 年版，第 27—203 页；《马克思恩格斯全集》第 22 卷，北京：人民出版社 1965 年版，第 246—259 页；《马克思恩格斯选集》第 4 卷，北京：人民出版社 1972 年版，第 1—175 页。

② 参见韦建桦：《马克思主义理论建设的崭新成果——〈马克思恩格斯选集〉中文第 2 版简介》，载《马克思恩格斯研究》1995 年第 23 期。

2012年，为了确保经典著作译文的统一性和准确性，由中央编译局编译的《马克思恩格斯选集》中文第三版由人民出版社出版发行，扉页印有“中共中央马克思恩格斯列宁斯大林著作编译局编译”字样，《选集》译文采用《马克思恩格斯文集》的译文，《起源》被收入《选集》第4卷第12—195页，内容包括第一版序言、第四版序言和正文，未收入附录《新发现的一个群婚实例》。

此外，民族出版社还根据中共中央马克思恩格斯列宁斯大林著作编译局的中译文翻译出版了蒙文版（1976年2月）、朝鲜文版（1976年12月）等民族文字的《起源》译本。新疆人民出版社出版了哈萨克文的《起源》译本（1959年版）。[1]

（本文来自2017年中央编译出版社出版的江洋所著《恩格斯〈家庭、私有制和国家的起源〉研究读本》有关内容。）

① 参见北京图书馆马列著作研究室编：《马克思恩格斯著作中译文综录》，北京：书目文献出版社1983年版，第208页。

社會科學名著譯叢

The Origin of the Family, Private Property and The State

By

Frederick Engels

家族私有財產及國家之起源

恩格爾著

李膺揚譯
周佛海校

1929

新生命書局發行

社會科學名著譯叢

李膺揚譯

家族私有財產及國家之起源

新生命書局發行

序

約六十年以前，歐洲的人類學家社會學家多以爲人類是上帝創造的，世界上有多數的民族，是由於人類史大災異發生以後分散到各地。文化落後的民族是由創造的原狀退化下來的。這叫做退化說。約在前五十年之間，人類學家社會學家始普通承認社會進化說。但是有卓識的學者在七十年前已經建立進化論。Goldenweiser 說道：「依盧弗覺愛教授所指示，康德在他的幾個觀念上是一個進化論者。黑格兒的辯證的三分法包括簡賅的進化論。黑格兒的潛勢的進化論，還有待於其門徒之一人——馬克斯，以「物」的觀念轉換黑格兒精神的觀念哲學，遂奠定歷史的唯物論之基礎。」(EarlyCivilization,p.21)

馬克斯發表他的政治經濟學批判，是在一八五九年；達爾文同年也發表了他的物種由來。政治經濟學批判序文中，已決定唯物史觀的結論。至於民族學家社會學

序

家的進化論著作，一八六一年有巴學芬的母權論；一八八六年有麥克列蘭的古代史研究；一八七〇年有盧抱克的文明的起源。一八七一年莫爾干發表了血族及婚姻制度，一八七七年又發表了古代社會。古代社會是依人類所使用的工具，分人類文化爲若干階段，來說明社會進化的最初的巨著。而一八八四年，恩格爾依馬克斯的遺志，根據古代社會一書，並參以希臘及羅馬與日耳曼民族的歷史，發表了家族私有財產及國家之起源。

這本書的重要，是在以歷史的唯物論來敘述民族學家所發見的材料。這本書的價值，是在民族學家所發見的事實能作歷史的唯物論的證明。

五十年來，莫爾干古代社會的論斷，支配着民族學與社會學。七十年來，馬克斯的唯物史觀及經濟學說支配着社會思想。作兩家巨著的聯鎖之本書，無論如何有介紹給讀者的必要。

在介紹本書時，有應當說到的是，莫爾干的古代社會在近來是民族學家社會學家批評之矢所集中。恩格爾的這本書也是馬克斯主義文獻中最受批評的一種。五十年來民族學人類學考古學的發見，足資以推翻古代社會的假想與論斷者，不一而足。由亂交說以至於文化階段論，在今日都有反證及反對的理論。今日的民族學家社會學家沒有不從批評或確認古代社會着手的，而今日的社會思想家也莫不從批評或確認馬克斯的唯物史觀與經濟學說着手。本書所以受批評最多，便由於此。

如上所說，本書是民族學開山巨著與歷史唯物論交流之產物。我們介紹本書因此也有兩方面的意義。第一在使讀者得知歷史唯物論的具體論據。第二在引起讀者對民族學研究的端緒和興趣。

陶希聖，一九二九，六，一四，上海

序

譯者序言

本書——『家族私有財產及國家之起源』(The Origin of the Family, Private Property and the State)是恩格爾(Frederick Engels)最有名的主要著作之一。第一版於一八八四年(在他的六十五歲，即馬克思去世的第二年)行世，大加修補的第四版於一八九一年(在他去世的四年前)行世。故讀了本書，可以知道他們二人對于唯物史觀，國家，家族等之最成熟的意見。

本書有如著者在序言中所說，是恩格爾繼承馬克思在生前有志而未遂的工作所完成者，他根據關於這一問題的摩爾根之劃時代的研究，加上自己的研究，幷插入馬克思的評註——在本書中引用馬克思所說之處就是——把自蒙昧，野蠻以至文明的人類生活之歷史，由唯物史觀的見地，簡單地論述。我們從本書，不僅獲得在歷史研究方法上的一般的指示，更可看到人類原始生活中許多有趣味的事實，與三千

譯者序言

年來爲我們文明基礎的一夫一妻家族，私有財產制度及國家之沿革，還有銳利的馬克思主義的對此之批判。要想知道馬克思學派怎樣地看男女關係，怎樣地看國家，本書便是極有興味而且重要的指針。

現在爲幫助讀者容易了解本書起見，特把本書的內容簡單解說如次：

現代社會之爲以布爾喬亞汜與普羅列搭利亞特之對立鬥爭做中心，還有國家之爲這種鬥爭之一機關；原是研究社會科學者之常識，無用在此多加說明。而在社會生活上之這一鬥爭，卽在家庭生活中也表現其縮影；今日之一夫一妻家族——除出普羅列搭利亞特的——是不爲男女之和好而爲其鬥爭——代表社會生活上布爾喬亞汜之夫與代表普羅列搭利亞特之妻之鬥爭——之場面；因之其結果不屬於法蘭西式盛行的通姦，便屬於德意志式家庭中的倦怠：這些便都是恩格爾所斷言的。

這兩種的鬥爭形態——國家與家族——是不是永遠不離人間的呢？出則階級鬥

爭，入則家庭鬥爭：這二者是不是人間不得免的運命呢？它的原因何在？在過去的社會生活家庭生活是怎樣？將來的又將怎樣？——從唯物史觀的立場，研究這些問題，同時以過去及現在之事實證明唯物史觀之理論者，即爲本書。

讀本書時最先值得注意者，爲區別時代之標準（第一章）。恩格爾依從摩爾根將世界史分爲蒙昧，野蠻及文明之三大期，更將前面二期各分爲下，中，上三段；這個區別之標準，決不是任意的，而是以生活資料獲得手段之發達程度——生產力之發達程度——來規定的。即以火之使用，弓矢之發明，製陶器術之應用，家畜之飼養，與植物之栽培，以及鐵之發見等，作爲劃時代之唯一標準。這一標準之如何妥當，換言之，唯物史觀理論之如何正確，讀本書（特別是第九章）者自會知道。這裏且把其中最重要的後面二項略加說明。

最初的人類，是以獲得自然長成的動植物來生活的。但因牧畜及植物栽培之發明，就開始了用人力以支配自然之作用。這一支配因鉄之發見更得到決定的發達。

而這二者，實成就了人類生活上未曾有的大革命。因在人類專靠自然的產物以生活時，人之勞動力祇能產生爲維持自己所必要的生產物，不能產生比必要更多的生產物；住於一定地域內的一團人，只向共有的自然界共同取得每日必要的生活資料以共同消費；因之在那裏沒有發生私有財產之餘地——除出極其微細之物——而是共產主義的。

然因爲牧畜及植物栽培之發明，人間勞動之生產力就急速增加。鐵之使用更促進它的發達。于是人之勞動力得產生比維持生活所必要的更多的生產物。剩餘物由是發生，交換由是開始。而下列二種以前所全不知道的事實也由是出現：

(1)人之勞動力得產生維持生活以上的生產物，就造成了搾取他人勞動力之可能性；

(2)所蓄積之富，不屬于團體而歸於個人之手(私有財產)。

這個與他人之榨取相連結的私有財產之發生，究有如何影響及於人類之社會生活及家庭生活：便是本書之中心問題。恩格爾先說對於家庭生活之影響（第二章）。我們讀了這一章，就得明白了解今日之一夫一妻制——如前述的含有男女之鬥爭，男性之支配，通姦，淫賣，或倦怠的一夫一妻制——是全爲私有財產之產物，而决非人間本來之男女關係，且因之它的運命是必然地與私有財產之運命相一致的。

自第三章至第八章，詳細述說私有財產對於社會生活之影響。恩格爾先就各種民族，說明當尙未發生私有財產時之人間是過如何自由如何平等又如何友愛的共同生活；然後說明這樣自由平等友愛的社會是如何地因財產之私有而轉化爲相反對的社會。即「私有財產」同在家庭生活上產生如今日的一夫一妻「家族」一樣，在社會生活上便產生了「國家」。至於私有財產因何種理由而產生國家，又使國家來盡如何的使命：這在第五，第六，第八及第九章有詳細的說明。

如斯，今日之家族及國家是私有財產所生之雙生兒。於私有財產基礎之上，發達生產力；國家之形態也有種種變動。然國家之本質是不變的，因做它的基礎的私有財產之本質不變。即在今後祇要在這一基礎存在的限度內，無論如何修正憲法，如何改訂選舉法，而國家之本質將不會變。然則這一基礎究是什麼呢？

私有財產是要消滅的；這在本書中當作自明的理以議論。因爲私有財產如何消滅這個重大問題是在馬克思的『資本論』中被說明的。『資本論』中說私有財產並非因人間之意志而是因經濟的必然，不得不歸於消滅。然因這個必然性以消滅時之家族及國家變成怎樣？這是本書第二章之終及第九章之終所論及的。這在形態上在許多點將和私有財產發生以前的狀態相似。爲什麼？因兩者都有所謂缺少私有財產這一共通基礎之故。因此，我們遂得了解恩格爾之所以要在第三第四章中詳說私有財產發生以前的氏族制度之用意。原來他是不用空想以描寫未來社會之光景，故特就與未來社會有共通基礎的原始社會詳爲敍述。然未來社會並不是原始社會之復現。前者乃是與後者在重大點上有差異的即生產力爲極大發達之社會。一是爲了生產力發達而滅亡的社會，一是生產力極大發達的結果所生的社會。用想像來描寫這一社會要取如何的樣態，是科學者的馬克思與恩格爾所不爲的。

再，本書以Ernest Untermann的英譯爲底本；當翻譯時，幷參照西雅雄氏及田中九一氏根據德文版的二種日譯本，附此聲明。

一九二八年九月二十五日於日本　譯者

言 序 者 譯

目次

著者序言

一 為第一版 一八八四年

以下各章，在某種意義上，可說是遺言的奉行。卡爾馬克思(Karl Marx)實是這樣的一個人，他欲把摩爾根(Morgan)的研究的結果開展起來，和他的——在某種限度內可說是我們的——唯物史觀相聯貫，卽希望由此以闡明這個唯物史觀的全意義。因為摩爾根在美國，曾經重新發見過已在四十年前由馬克思所發見的唯物史觀；在比較未開化與文明的主要點上，還達到與馬克思同樣的結果。而且恰如『資本論』之久被德國職業的經濟學者所熱心剽竊，又是強被抹煞一樣，摩爾根的『古代社會』(註)也復受英國『先史』(Prehistoric)學的代表者同樣的待遇。

(註) Ancient Society or Researches in the Lines of Human Progress from Savagery, through Barbarism, to Civilization. By Lewis H. Morgan.

著者序言

Henry Holt and C., 1877. 本書在美國印刷，在倫敦獨難得到。著者於數年前逝世。

本書僅對於我的故友（卽馬克思——譯者註）所未能完成的工作，做成一點補充而已。然我因得有他從摩爾根一書的節錄中所加的評註，故把它完全轉載於此。

依據唯物論的見解，歷史上最後決定的要素是直接的生活之生產與再生產及它的物質要件。但這又可分爲兩方面來說：一方面是生活手段（衣食住及必要的工具）之生產，他方面是人類自身之生產，卽種族之繁殖。爲某一時代及某一地域之人民所生活於其中的社會制度，是受兩種生產形式的制約，卽一方是勞動之發達，他方是家族之發達。勞動之發達愈幼稚，它的生產之量，從而社會之富愈有限制，那麼社會制度愈可看出是受血統關係的支配的。然在這種以血統關係爲基礎的社會組織之下，勞動之生產力逐漸發達。同時，私有財產與交換，富之差別，他人勞動力之掠奪，從而階級對立之基礎也漸被形成。這種新的社會要素竭力謀使舊的社會制度適應於新的境遇，一直到了兩者調和的可能性告終，遂引起一個完全的革命。這個以血統關係爲基礎的舊社會，在和新發達的社會諸階級之衝突中，就被廢除。以後新的社會出現，被結成爲國家。它的單位不復是血族團體，而是地方團體。在這樣個社會中，家族關係完全受制於財產關係，而構成從來一切成文歷史的內容之階級對立及階級鬥爭，也由此自由發展。

摩爾根發見而且重建那我們的成文歷史的這一基礎上之要點，又從北美印第安人的血族團體中尋出一個鍵來可以剖析太古希臘羅馬及日耳曼歷史上迄今尚未能解的一切最重要的謎：這實是摩爾根的偉業。但他的書決不是一朝一夕所能成就的。在四十多年間，他和材料奮鬥，直到完全制服了才止。因此他的著作成爲當代少數劃時代的出版物之一。

在以下的敍述中，讀者將在大體上容易分辨哪些是屬於摩爾根的創見，哪些是爲我所附加。在論希臘及羅馬的歷史的幾節，我並未受拘於摩爾根的引證，曾經附加上我所能供給的材料。關於克勒特（Celts）人及日耳曼人的各節，大部分是屬於我的。在這方面，摩爾根僅有些少無關重要的引例；至關於日耳曼的事情——除出塔西佗（Tacitus）以外——祗不過從福禮門（Freeman）引用了無價值的未經選擇的虛僞資料。經濟的說明，這在摩爾根的目的上雖然適合，而在我的目的上是全然不充分的，故我已完全把它改寫。最後對於一切結論，在未顯然引用摩爾根之處，當然由我負責。

菲特力克恩格爾。

二　爲第四版　一八九一年

出許多部數的本書以前的舊版，差不多售罄了已將半年。發行者方面曾幾次請求我準備新版。惟因羈於要務，迄今尚未着手。自本書初版發行以來，已過七年；在這期間，關於原始的家族形態之研究已有重要的進步。故這次自有加以改訂增補之必要；何況這一「新版的」本文，如果上了預定的紙版，一時再要修改便不可能了。

因此我已就本文全體，過細校閱，且有許多增補，希望由此可以對科學進步的現階段有相當的認識。還有，在這篇序文之後，我把自巴霍芬(Bachofen)至摩爾根各家對於家族歷史的發達作一簡單的概要。我之所以要這樣做，其主要理由是在英國的，混雜着排外主義(Chauvinism)的先史學派，還在不斷地用着全力去抹殺那受了摩爾根發見的影響所致的關於原始歷史觀之革命；而同時這一學派却不躊躇地冒用着摩爾根研究的結果。在他方面，這一英國的例子也在很廣汎地被襲用着。

我的這本書已被譯成幾國文字。最先譯成意大利文：L'origine della famiglia, della proprieta privata e dello stato, versione riveduta dall' autore, di Pasquale Martignetti; Benevento, 1885. 其次譯成羅馬尼亞文：載在自一八八五年九月至一八八六年五月Jassy所發行的雜誌"Contemporanui"上，Origina familei, proprietatei private si a statului, traducere de Ivan Nadejde. 更譯成丹麥文：Familjens,

Privatejendommens og Statens Oprindelse, Dansk, af Forfatteren gennemgaaet, Udgave, besørget af Gerson Trier, Kjøbenhavn, 1888. 以這本德文版爲原本的Henri Rave 所譯的法文本，正在印刷中。

到一八六〇年之初，關於家族的歷史並沒有什麼可講。歷史學的這一領域還是完全受着摩西（Moses）十誡的影響。摩西的那比任何人都要描寫得詳盡的家長的家族形態，是不但無更多的評論，被視爲最古的形態，而且還視爲與我們今日的家族是同一的。故那時連家族之歷史的發達也並沒有認識。至多不過承認在原始時代或者曾有性的無規律（Sexual license）之一時期存在過罷了。

在一夫一妻制（Monogamy）之外，尚知有東洋的一夫多妻制（Polygamy）與印度西藏的一妻多夫制（Polyandry）確乎不錯；但這三種形態並不能列入任何歷史的順序中，不過是毫無關聯地並存而已。至於在古代史的某幾個民族及現存的某幾個野蠻部落中，認血統不由於父而由於母，從而認母系是唯一正當的系統；又在今日的許多民族中，於——當時(一八六〇年以前)尙未確定其範圍——某種大集團內禁止通婚，而且這種習慣在世界各處皆可見到：這種種事實確被知道，還有更多的事例被繼續搜集。但沒有人知道怎樣去利用牠們。故即在泰婁(E. B. Taylor)所著的『人類原始歷史之研究』(Researches into the Early History of Mankind, 1865)中，也僅把這些事實視爲『奇習』，與野蠻人的禁用鐵器去接觸燃燒着的木，以及相類似之宗教上的悖理行爲相並論而已。

這個家族的歷史是從一八六一年即巴苛芬的『母權論』(Mutterrecht)出版的一年開始的。在書中著者提出如下的主張：

1. 人類最初過着無拘束的性交生活，他不大確當地稱之爲雜婚制(hetaerism)。

2. 這一種的性交使認知父親的方法爲絕不可能；從而血統祇能從母系——由母權——追溯；而且這是古代各民族一律通行的事實。

3. 其結果，女子當作母親，爲後一代人所確知的唯一的親長，遂受到高度的尊敬，據巴苛芬的意見，這個尊敬遂提高至完全的女性支配（Gynaicocracy）。

4. 一個女子之專屬於一個男子的一夫一妻制之過渡，含有原始的宗教戒律之侵害（即實際上其他一切男子對於這一女子的傳統的權利之侵害）的意味，而這種侵害必須由女子在某一定時期內把自身獻給大衆以資取償，換言之即購得其默認。

巴苛芬爲證實此種命題，特從古典文學中引用由辛勤搜集到的無數的事例。由『雜婚制』到一夫一妻制，由母權到父權的過渡，據他的意見——特別在希臘人——是在宗教觀念的進化過程中完成的。即爲新觀念之代表的新神，加入到爲舊觀念之代表的傳統的神群中；而後者逐漸逐漸被前者所壓倒。所以照巴苛芬看來，引起男女相互的社會地位之歷史的變化者，並不是人類現實的生活條件之發達，而是對人類頭腦的這種生活條件之宗教的反映。因此巴苛芬舉示伊士奇洛斯（Aeschylos）的奧勒斯提雅（Orestein），當作行將沒落的母權與在英雄時代出現而得勝利的父權間鬥爭之戲曲的描寫。

克里達姆內斯脫拉(Klytaemnestra)爲了她的愛人伊吉斯搭斯(Aegisthos)，把從特洛耶(Trojan)戰爭歸來的她的夫阿加綿農(Agamemnon)殺了。但由阿加綿農所生的她的兒子奧勒斯提(Orestes)殺了他的母親以報父親的仇。爲此，保護母權的鬼神們厄麟尼斯(Erinyes)告發他，因照母權制，殺母是最重大不可贖的罪。但由於他的神託(Oracle)鼓勵奧勒斯提去做這種行動的阿波羅(Apollo)，與被請來當裁判官的雅典尼(Athene)——這兩位是代表新的父權制的神——保護他。雅典尼聽受兩方的辯訴。一切爭點，如今可用在奧勒斯提與鬼神們中間所行的辯論要約之。奧勒斯提的主張是：克里達姆內斯脫拉殺了她的夫，又殺了他的父，所以犯了二重的罪。但爲什麼厄麟尼斯告發他而不告發更犯重罪的她？

她們的答辯卻可駭異：

『她對那個她所殺死的男人，是沒有血統關係。』

殺死一個沒有血緣的男人，即使他是兇手的夫，還是可以贖罪的，故這對厄麟尼斯並無關係；她們的義務只在告發有血緣者的殺害事件。而今卻是一件按照母權制，最重大而不可贖的殺母案。當下阿玻維爲辯護奧勒斯提發言。於是雅典尼就叫亞掠帕吉提(areopagitɔs)——雅典尼的陪審推事——投票表決，投票的結果對於宣告無罪與有罪是同數。因此雅典尼以裁判長的資格，投有利於奧勒斯提的票，而作無罪的判決。這樣父權制便戰勝了母權制，照厄麟尼斯自己的用語，是『新時代的神』消滅了厄麟尼斯。終於後者也被勸誘了在這個新的秩序之下接受一種新的任務。

這一新的，但是絕對正確的奧勒斯提雅的解釋，是巴霍芬的全書中最美而且最善的處所之一；但同時牠也證明巴霍芬自己至少和古代伊士奇洛斯同程度地相信厄麟尼斯和阿玻羅及雅典尼。他實在相信當希臘的英雄時代，此等神們已成就了由父權制顛覆母權制的奇蹟。這種拿宗教當作世界史的主要原動力看的類似的概念，結局一定要歸於純神秘主義，是顯然的。

故把巴霍芬的這部龐大的書來通讀，乃是費力而不能得益的事情。但這種種仍不減低他的先驅事業的價值。他是最先用如下的證明，以補充關於無規律性交之存在不明的原始狀態的空言者。即是古典文學告訴我們許多踪跡，表明在一夫一妻制之前在希臘人及亞細亞人中間，確有他種性的關係之存在；這種性的關係不但容許一個男子與幾個女子性交，且也准一個女子可以自由地與幾個男子發生性交，而都不算違反良善的道德。這種慣習並不完全消滅，却殘存着一種痕迹，即女子必須由在某種限定的時間，獻身給大衆的形態，以購得一夫一妻制的權利。因此血統在最初祇能由女系即從母到母追溯上去。這個女系的惟一合法性雖在遠至父之地位已被確定或者至少已被認識的一夫一妻制時代還被保存。其結果這種當作子女惟一確實的親長之母的原始地位，給她們乃至其他一切婦人確保了一種比向來所占有的更高的社會地位。巴苛芬雖然因受了他的神祕的概念的影響，沒有這樣清晰地構成這種種命題，但他仍證明了牠們的正確，所以這就等于一八六一年的一種完全的革命。

巴苛芬的龐大的書是用德語寫的，即是用當時對於今日家族的歷史最不感到興味的國民的言語寫的。因此他的書終於未問於世。在這方面最先繼他而起的人，雖於一八六五年出現，但對于巴青芬並未有所知道。

這個繼起者是馬克楞南（J. F. McLennan），他却和他的先驅者正相反對。我們現在所看到的，不是天才的神祕家，而是乾燥無味的法律家；不是鬱勃的詩人的想像，而是喋喋不休的辯護士的拉雜。馬克楞南從古代及近世的許多蒙昧，野蠻或甚至文明民族中，見出一種婚姻形態，是强制新郎，或者單獨，或者與他的友人連合，須用暴力去掠奪新娘。這必是一種古代慣習的遺制，那時一部落的男人確須用暴力從別個部落中掠得他們的妻。然這種『掠奪婚』是怎樣發生的呢？當男子能在自己部落內認到足夠的女子時，是絕對不會有這樣掠奪的動機的。但我們時常從未開化民族中，見有某種集團（這在一八六五年時還常被視爲與部落自身同一的），在集團內部禁止通婚。因此，某一集團的男子（或女子）祗好向集團之外去求他們（或她們）的妻（或夫）。惟在別個部落內，却又奉行一種慣習，必須他們的男子僅從自己集團內求得他們的妻。馬克楞南叫第一種為族外婚的（Exogamous），第二種為族內婚的（Endogamous），且由此組成一個存族外婚與族內婚的『部落』間的嚴格的對立。他自己的族外婚的研究雖然明白地表現這個對立，在許多方面（雖不是大多數或甚至全部），只是存於他自己的想像中，可是他仍把牠作為他的全部學說的基礎。照後者的說法，族外婚部落僅許從別個部落中娶他們的妻。而且順應于他們的蒙昧狀態，在這種部落間發生不斷的戰爭，故婦女僅能由掠奪以獲得。

馬克楞南更問：這個族外婚的慣習從何處發生？他的回答是：血緣關係與近親通姦的觀念對牠是全無關係的，因為這種種概念是很遲才發達的。但在蒙昧人中間當女孩兒生後即予殺死的慣習却很盛行。這當是牠的起因。因這樣，在這種部落內自然發現男子的過剩，其必然的結果便是幾個男子共有一個女子——即一妻多夫制（Polyandry）。更有一個結果是，惟有孩兒的母親能被確認，而父親是不知道的；從而親族關係僅由女系追溯，而把男系除外——即母權制。又部落內婦人缺少——

著者序言

這個缺少雖由一妻多夫制略見緩和，但未被除去——之第二個結果，必然是用暴力去誘拐別個部落內的婦人。『因族外婚與一妻多夫制是起於同一個原因——缺少兩性間人口的均衡——我們就不得不視一切族外婚人種是本來曾行過一妻多夫制者。……因此我們必須視在族外婚人種間，最初的親族制度是僅由母親認血緣者，爲無可爭論。』——見馬克楞那的『古代史研究』(McLennan, Studies in Ancient History, 1886, Primitive Marriage, P. 124.)

馬克楞南的功績，在指出他之所謂族外婚者是一般的存在而且有重大的意義。可是他絕沒有發見族外婚的集團之事實；也並沒有正確地理解牠們。除出以前許多觀察者之片斷的記錄——卽爲馬克楞南所引用者——以外，雷搭謨(Latham)曾就印度的瑪格爾(Magars)人間的這種制度，有過詳細的正確的記述，——見他的『記述人類學』(Descriptive Ethnology, 1859)——且說明這種制度曾在地球上各處普遍存在。這是馬克楞南自己所引用的。還有，早在一八四七年，我們的朋友摩爾根也已在他論易洛魁人(Iroquois)的書信中(在 Americin Review 雜誌上)及一八五一年在所著『易洛魁同盟』(The League of the Iroquois)中，對這個制度有過說明及正確的記述。而我們在下面，就可看出馬克樹南的辯護士的本能是怎樣地在這個問題上，比巴霽芬的神祕的想像在母權領域上造成了更大的迷妄。

馬克樹南的又一功績，是在他承認由母權追溯血統的慣習是原始的，雖然他後來也自認巴霽芬在這點上已比他有先見。不過即在這個地方，他也不是完全清楚。他時常說及『專由女系的親族關係』(Kinshiq through females only)且使用這種語句，不但正確地適用於初期的階段也復適用於後期的發達階段，即當血統與繼承雖仍然專由女系追溯，但同時由男系的親族關係也開始被承認而且表現的階段。這樣作成一種固定的法律語，而且不絕地用以說明那早已不復能適用的狀態，却是法律家的偏見了。

但不管如何强辯，馬克樹南的學說即在著者自己看來，也不像是有確實的基礎的。至少他覺得『那「假想的」婦人掠奪之狀態，如今正在已行男子親族關係「或可稱爲依男系的血統」的民族中爲最明白顯著的這件事，是值得注目的。』——『古代史研究』一四〇頁）

他又這樣地說：『據我們所知道，在族外婚與最古的親族形態並存的地方，是並沒有組織地殺嬰兒的這種制度的：這是奇妙的事實。』——全書，一四六頁。

這兩種事實都直接地否認了他的說明方式，所以他祇能用新的更其錯雜的假說來對付牠們。

雖然如此，他的學說却在英國獲得大大的贊許和流行。在英國，馬克楞南是一般地被認爲家族歷史的創始者，又是在這問題上的第一個權威者。他的族外婚及族內婚『部落』的對立，雖是認有許多各個的例外與修正，但依然被視爲一般通說的基礎；而且成爲使在研究領域上一切自由的觀念及一切決定的進步爲不可能的眼障。我們的義務，便在用如下的事實，以對抗流行在英國又被仿行在他處的馬克楞南的過度的評價，卽是他由完全錯誤的族外婚與族內婚『部落』之對立所生的害毒，比之他由研究所生的貢獻還要來得多。

還有，到了後來，有更多的事實發現出來，都是不適合於他的假說的。馬克楞南僅知有三種婚姻形態：一夫多妻制，一妻多夫制，及一夫一妻制。但一經注意到這一方面，才有更多的證據發見出來，知道在未開化民族中間，還有一組的男子共有一組的女子之婚姻形態存在。拉布克(Lubbock)在他的『文明的起源』(Origin of Civilization, 1870)中，曾承認這種集團婚(Communal marriage)為歷史的事實。

翌年卽一八七一年，摩爾根就發現了新鮮的而且在許多方面還是決定的材料。他相信在易洛魁人間所流行的特殊的親族制度，雖然和由在那裏行使的婚姻制度所生之親族等級直接衝突，但是共通于在美國的一切原始住民而且廣行於全大陸的。他特請於聯邦政府，利用他自己起草的質問表以搜集關於其他諸民族的親族制度之報告。從答復中得到下列的結果：

著者序言

1.美國印第安人的親族制度也在亞細亞流行，又以略經改變的形態在非洲及澳洲的許多部落間流行。

2.這種制度由現在在夏威夷及澳洲的某幾個島上行將滅落的集團婚之一形態可得完全的說明。

3.然與這種婚姻形態相並，在這種島上還奉行着一種親族制度，是只由更原始而如今已歸消滅的集團婚形態所能說明的。

這種所搜得的報告與摩爾根的結論，發表在一八七一年的他的『血族及親族制度』(Systems of Consanguinity and Affinity)一書中；而且由此引起了範圍更廣大的討論。他由親族制度出發，重建相應于此的家族形態，從此開一條向人類先史時期的科學研究之新路，與更遼遠的回顧。這個方法一經應用，於是馬克楞南的綺麗的構造自將化爲烏有了。

馬克楞南在『原始的婚姻』(Primitive Marriage)(Studies in Ancient History,

1875）的新版中辯護自己的學說。他自己雖是最巧妙地用許多假說構成家族的歷史，但另一方面他不但向拉布克及摩爾根要求他們所主張的每個證據，還更要求像那在蘇格蘭法庭所認可的有無可爭論的確實性之證據。而且這一個人還是無躊躇地斷言以下的民族都是奉行一妻多夫制的：日耳曼人，在母的兄弟與姊妹的兒子間有密切關係；布立吞人（Britons），據徹薩爾（Cesar）報告，他們是十人至十二人共一婦女；又野蠻人，有古代著作家關於婦女共有的其他一切報告。我們於此，不禁想起一位律師的故事來，他在自己論述的時候雖得一切的自由，但他對被告律師却要求最正式的法律上有效的每句話的證據。

他主張集團婚是純粹想像之所產；這樣，他便比巴苛芬落後的多了。他說摩爾根的親族制度，不過是社會的禮儀的規則，可拿印度人向白種外國人也稱呼爲兄弟或父的事實以證明。這正和主張父母兄弟姊妹的稱號只是無意義的稱呼形式一樣，因爲天主教的神父及僧尼，或被稱爲父與母，或被稱爲僧與尼，甚至如共濟會員

(Free-masons)及英國職業俱樂部會員在莊嚴的集會上，也被稱爲兄弟及姊妹。要之，馬克楞南的辯護是異常脆弱的。

然還有一點留着未被攻擊。就是爲他全部學說基礎的族外婚及族內婚部落之對立，不惟全未搖動，甚至還被認爲家族歷史全體的樞紐。大家雖承認馬克楞南想說明這個對立的企圖是不充分，且與他自己所舉事實相衝突。但是對立的自身，各不相容全然獨立的二種種族的存在——即在一種種族內，從自己種族內部娶妻，在其他一種種族內絕對禁止這類習慣——還是被認爲不得爭論的教義。請比較吉刺德條隆的『家族之起源』(Giraud-Teulon, Origines de la famille, 1874)及拉布克的『文明之起源』(一八八二年，第四版)，便可知道。

摩爾根的主要著作『古代社會』(一八七七年)，對於此點即有所伸說。本書即以該書作基礎的。摩爾根在一八七一年尚不過朦朧地預感到，現在在這裏是明顯地證實了。族內婚與族外婚決不是對立的；族外婚的『部落』直到現在還未被發見。不過營集團婚尚存在的時代——這或者倒是曾經在各處存在過的——一個部落曾分爲在母方有血緣的許多集團，即『氏族』(Gentes)，在氏族內部是絕對禁止通婚的。因在某一『氏族』的男子雖能在部落的內部娶他們的妻，而且普通原是這樣做的，然他們必須從『氏族』的外部娶妻。如此『氏族』雖爲嚴格的族外婚，而包括『氏族』全體的部落，却是全樣嚴格的族內婚。這一事實就給馬克楞南的人工構造以最後的擊破。

但摩爾根並不就此滿足。他以美國印第安人的『氏族』爲基礎，更走上在研究領域上第二個重要的步驟。他發見由母權制所組織的這個『氏族』，乃是後來由父權制所組織的『氏族』所由以發達的原始形態，如我們在古代文化民族中所看出的氏族就是。向來爲一切歷史家所不能解决之謎的希臘及羅馬的『氏族』，如今從印第安人的『氏族』中可以得到說明。這樣對於全部原始歷史的一個新的基礎就被發見了。

成爲文化民族中父權『氏族』前階段的這個原始的母權『氏族』之再發見，在原始歷史上的意義正和達爾文的進化論之於生物學，馬克思的剩餘價值說之於經濟學，

著者序言

相同。因此使摩爾根得以描寫家族歷史的輪廓，至少在當時獲得的資料所能容許的限度內，可以確立這個古典的發達階段。這在研究原始歷史上畫一新時期的事情，是對任何人都非常明顯的。母權「氏族」就成爲這一整個科學的樞軸。從她的發見以後，我們得知向什麼方向繼續我們的研究，用什麼方法整理研究的結果。因此，現在在這領域上所有的進步，要比在摩爾根的書出版以前急速得多了。

摩爾根的發見，如今卽在英國，也被先史學者所一般承認，或者竟被剽竊。但差不多沒有一個人肯公然承認這種思想的革命是起於摩爾根的。他的書在英國是被盡量地抹煞，他自身在生前也不能受到對於他初期功績的應有的讚賞。他的記述中的細目雖曾被過細批評，但他的眞正偉大的發見竟硬被蒙蔽。故『古代社會』以原版而絕跡；在美國，這類的書是沒有銷路的；在英國，這本書似有組織地被禁遏；而唯一尚在流通的這一劃時代的著述的版本，却是德文的譯本。

這種禁遏究從那裏發生？我們「無以名之」，只能叫她是種抹煞的陰謀，尤其因為英國有名的先史學家的著述中，竟充滿著無數無意味的而有禮貌的引證及其他友誼的表示，更有此種感想。只怕是因為摩爾根是個美國人，而在英國的先史學家看來，依靠兩個有天才的外國人有如巴哥芬與摩爾根，以決定他們所搜集的資料之整理與分類——雖是這種資料的搜集是非常辛勤值得嘉獎的，是頗有些難堪之故嗎？要是德國人的話，他們尚可忍受，但是一個美國人？對於美國人，一切英國人都富有敵愾心的。我在美國曾見到只個事實的許多趣例。還有一層，必須記住的，就是馬克楞南是個所謂英國先史學派的「奉旨」(Official)創辦者兼指導者。用最高的敬意巧製一種自殺嬰兒經一妻多夫制及掠奪婚以至母權制的歷史構造，怕也是一個好先史學家禮貌的條件。關於絕對不相容的族外婚與族內婚部落之存在，若懷一點點的疑問，也被認為一種輕佻的褻瀆。因此摩爾根將一切這些神聖的獨斷(Dogmas)化為煙消霧散，就算犯了一種肆無忌憚的瀆聖罪。而更糟的，是摩爾根單把只些獨斷說一旦消散，便儘夠顯出牠們的不可靠，使人立刻了悟；從而向來祇在族外婚與族內婚之間徬徨無路的馬克楞南的崇拜者，遂至於不得不叩首以極叫：「我們是何等的愚蠢啊，竟不會老早把牠發見出來！」

好像摩爾根從官僚的先史學者單受冷靜的排斥還不算成罪似的，他更要做得過分些。所以然者，因他不僅用附和傅立葉（Fourier）的態度去批判文明，商品生產社會，現代社會的根本形態，而且還用馬克思所曾用過的言語來說及未來社會的改造。故結果他便受到應受的報應，即馬克楞南忽然地非難他，自稱最嫌忌這種歷史的方法；而日內瓦的葛勞條隆也竟於一八八四年贊同這種見解。這一位吉刺德條隆教授還不是在一八七四年『家族之起源』尚茫然徬徨於馬克楞南的迷宮中，後來竟摩爾根才被救出來的！

摩爾根所貢獻於原始歷史的別項進步的形式，用不着在這個序言中詳說。那些必要的事項在本書正文裏自將敍述。從他的主要著作出版以來的十四年間，有貢獻於原始社會之歷史的資料已大見增加。在人類學家旅行家及專業的史學家以外，復加上比較法學家，一面附加新材料，一面又開闢新見地。摩爾根的幾種特殊的假說也有爲之動搖，甚或不免陳腐的。但沒有一個例子，足以證明新的資料已到了打破他的主要見地的地步。他在原始歷史上所設定的順序，在要點上，今尚有效。我們甚至可以這樣說：倘若這個偉大的進步之創始者，他這一事情愈加隱匿，那麽這個順序將愈得正確的承認。

一八九一年六月十六日，在倫敦。

非特力克恩格爾。

第一章　先史時期 (Prehistoric Stages)

摩爾根是企圖向原始社會的歷史應用論理的順序之第一人。在未經獲得更多的資料以前，將沒有改變的必要，他的分類確乎可以長期有效。

在三個主要時代——蒙昧(Savagery)野蠻(Barbarism)及文明(Civilization)——之中，自然祇有前二者及向第三者的過渡足以惹起他的注意。他依據生活手段生產上的進步之程度；把每一時代又分爲下期中期與上期。他所以這樣區分的理由是：人間征服自然的程度是受規定於生產生活必需品的能力的。因在一切生物之中，祇有人獲得了一種幾乎無限制的支配營養生產的能力。照摩爾根看來，人類進步的一切偉大時期是與生活資料的豐富時期，多少有直接的適應。家族發達的進程雖也大致相同，不過在時期區分上沒有表現那樣顯著的目標。

一　蒙昧

一，下期。　人類之嬰孩期。他們依然住在原始的住所，即在熱帶的或亞熱帶的森林中。他們至少有一部分的時間是過的樹上生活，因爲只有這樣才能避免大猛獸的進攻以保住生命。果實，堅果及根塊是他們的食物。明晰的言語之形成是這一時期的主要結果。在歷史時代的範圍內所知道的一切民族之中，沒有一種是屬於這一原始時期的。雖然這或許會繼續至數千年之久，但我們不能用直接的證據去證明牠的存在。而人類由動物界繼續血統這件事情一經承認，那麼這個過渡時期也便無法不承認了。

二，中期。　開始於魚類(包括甲殼類貝類及別種水棲動物)之食用與火之使用。這兩者是互相倚存的，因魚類全靠火之使用才能有味。而有了這種新的食物，人類即得完全離氣候及地勢而獨立。他們即在蒙昧狀態中，也得沿着河流及海岸，散布於地球上的大部分。用粗雜不削尖的石器的所謂初期石器時代的古石器(Palaeolit-hic)時代，差不多全部是屬於這個時期。由這種石器之廣布於一切大陸上，便是證明這些蒙昧人的移動範圍之大。不斷地活動的發明慾，與摩擦生火的占有相待，得在後來占據的新地域也產生新的營養手段。例如澱粉質的根與球莖，可焙在熱灰及燒穴（地竈）中。當最初的武器即棍棒與投槍一發明，鹿等的獸食也有時加入菜單中。像我們有時在書籍所見到的那種專靠狩獵以維持生活的民族，實在從未學過；因爲靠狩獵以得獲物是太不確實。由營養來源長期不穩定的結果，食人之風（Cannibalism）似乎在這時期開端。這種風氣繼續了許多時候。即在今日，澳大利亞人（Australians）及玻里內西亞人（Polynesians）還留在這個蒙昧的中期。

三，上期。以弓矢的發明開始，拿獸肉做日常的食物，視狩獵爲一種正常的業務。弓矢及弦是一種頗複雜的工具，這些工具的發明要有長期集積的經驗及銳敏的頭腦更以熟悉其他許多的發明爲前提。

現在若就善用弓矢，但尚不知陶器（摩爾根以爲這是向野蠻期的過度）的諸民族來比較一下，我們就可從他們中間看出村落住定的開端，食料生產的支配，以及木製的容器與工具，用樹皮纖維的手織物（沒有織機），用樹皮或蘆編的籃，以及削尖的（新石器時代的——neolithic）石器。火與石斧也已一般地用以製造獨木舟，并在各處用木材與板以建築房屋。一切這種的進步，我們舉例來說，在美國西北印第安人間都可見到，他們雖使用弓矢，却尙不知有所謂陶器。在蒙昧期的弓矢，正猶在野蠻期的鐵劍，在文明期的火器，都是操勝的武器。

二　野蠻

一，下期　由製陶器術的應用開始。陶器在許多地方可以證明其來由，或者還在一切地方可以說是由於用粘土塗在木製或編製的容器使能耐火的慣習發生的。不久之後，人類又發見成型的粘土雖沒有別的材料做內邊的容器，也可以有同樣用處。

在此以前，我們可以觀察進化的過程，是一般地對於某一時期的一切民族皆得同樣適用，而不必顧慮所在地之爲何。但到了野蠻期的開端，我們達到了一個階段，即兩大陸的天然資源之差異發生影響。野蠻期之顯著的特色在動物的馴養與植物的栽培。如今東大陸即所謂舊世界差不多一切適於馴養的動物與除一種以外一切適於栽培的穀類皆屬具有；而西大陸即美洲在得馴養的動物中只有一種駱馬（就是這一種也只在南部某地方有），在栽培穀類之中，雖有最上等者，但也只一種，就是玉蜀黍。從此以後，這種不同的自然環境就使得兩半球的居民各循着相異的路途前進，而立在各個階段的境界上的標石，在兩方面也各不同。

二，**中期**。在東大陸始於家畜的馴養，在西大陸始於食用植物的栽培與灌溉，及建築上乾磚（Adobes 用日光晒乾的磚）與石的使用。

我們先從西大陸說起，因在那裏，在未被歐羅巴人征服以前，從未脫出這個階段之故。

在野蠻下期的印第安人（凡是住在密西西比河以東的）當他們被發見的時候，已行小規模的庭園耕作，栽培玉蜀黍，或者還有南瓜，甜瓜及他種野菜。他們營養上最重要的部分就是這樣產生的。他們住在木造房子，築有防禦物的村落中。西北的部落，特別是住在哥倫比亞河附近的部落，尙在蒙昧的上期，還不知有陶器及任何種類的植物栽培。但反之，新墨西哥的所謂坡蒲羅印第安人(Pueb o Indians)，那墨西哥人，中央阿美利加人及祕魯人，當征服時，已在野蠻的中期。他們住在用乾磚及石造的城堡似的房屋中，栽培玉蜀黍及其他適於各種環境及氣候的植物於人工灌漑的田圃內，作爲主要的食物且更有馴養若干種動物的——墨西哥人是火鷄及他種鳥類，祕魯人是駱馬。再，他們還知道金屬的使用——惟有鐵是除外，卽爲此故，他們尙不能不靠石的武器及石的工具以生存。然而西班牙人的征服，就把以後一切獨立的發達中斷了。

在東方，野蠻的中期始於供給乳及肉的動物之馴養，而植物的栽培似乎到了這個時期之終猶未被知道。家畜的馴養繁殖與較大的畜羣的形成似是使雅利安人(Aryans）與塞姆人（Semites）和其餘野蠻大衆區別的動機。家畜的名稱，在歐維巴的雅利安人與亞洲的雅利安人中還是共通；惟有栽培植物的名稱，差不多全然各別。

在適當的地方，畜群的形成引起了遊牧人的生活；如塞姆人之在幼發拉的河與底格里斯河的草原，雅利安人之在印度的草原，奧克斯河、耶克塞推斯河，鄧河，及杜尼埃泊河的草原。家畜的馴養，在這種牧場地方的附近，一定是最先實現，惟後人，抱有一種錯誤的觀念，即以爲遊牧部落的起原是在被想像爲人類之搖籃地的區域中，實則這種區域不特是他們蒙昧的祖先，甚至連在野蠻下期的人也將認爲差不多是不適於住居的。反之，這些中期的野蠻人一經習於遊牧的生活，再也不會自發地想從多草的河流平原回到曾爲他們祖先之故鄉的森林中去。就在當塞姆人及雅利安人被追逐到北部及西部的時候，要他們住在西部亞洲及歐州的森林地方，若不因爲可由農業也得在貧瘠土地上養活他們的家畜，特別得過冬季的話，還是不可能的。而且穀類的栽培，當初以供家畜飼料的需要爲主，往後才成人類營養上重要的因素，當是更可確定的事實。

雅利安人及塞姆人能有優越的發達之原因，恐怕是由于兩人種間都有豐富的肉與乳的營養，特別是由此等食物及於兒童發育上的良影響。事實上，差不多專取植物性食物的新墨西哥的玻蒲羅印第安人，確要比在野蠻下期的食較多的魚及肉的印第安人有着更小的腦。惟無論如何，在這個階段中，食人之風逐漸消滅；僅不過當作宗教的儀式，或者差不多是同樣地當作魔法的治療而存續而已。

三，**上期**。 始於鐵礦的鎔解，且由文字的發明與牠的文獻記錄的利用而移於文明期。如前所述，這一階段只在東半球獨立完成，其生產之進步，要比過去各階段的總計還要來得豐富。英雄時代的希臘人，比羅馬建設稍前的意大利諸部落，搭西佗（Tacitus）所紀述的日耳曼人，海賊時代的諸曼人皆屬於這個階段。

我們在此地開始遇到鐵製的由家畜拖曳的犂頭，牠使大規模的耕作即田野耕作可以實現，且由此得以無限制地增加當時的食糧生產。還有一種結果，是採伐森林把牠轉成耕地及草地——這一轉化，要是沒有鐵斧與鐵鋤的助力，也是不能有更大規模的繼續的。很自然的，這種種進步又實現了人口的急速增加及在小地域內的人口集中。當田野耕作以前，若有五十萬人口在一個中央指導機關之下而得統一的話，那也只有在異常優良的境遇下才屬可能；惟恐怕這種樣的事情是決不會有的。

野蠻上期的最偉大的成就，在荷馬(Homer)的詩篇，特別在伊里亞特(Iliad)中可以見到。如改良的鐵器，鞴，手搗臼，陶器製造車，油及酒的製造，在美術工藝以前的頗發達的金屬工，貨車及戰車，用梁及板的造船術，藝術的建築的開始，園以有塔及女牆的城壁的都市，荷馬的敘事詩及全部神話——這些都是希臘人由野蠻引渡給文明的主要遺產。我們若把這種種成就和由徹薩爾或者甚至由搭西佗對於日耳曼人的記載比較一下——因爲日耳曼人也是在希臘人預備由此行向更高階段的那個同一進化階段的初期——便可認出在野蠻上期是含有如何豐富的生產發展了。

我根據摩爾根在這裏所描寫的人類由蒙昧野蠻以至文明開端的進化光景，即在現在也算富有新的特徵，而且這些光景，因爲直接由生產描出，所以是無可爭論的。但若把這幅光景和當我們研究之終展開在眼前的全景一相比較，牠就會顯出貧弱與暗澹的色相來。祇有在那時候，才能十分明瞭由野蠻到文明的過渡與牠們間的顯著的對立。在目下，我們還可把摩爾根的分類節約如下：蒙昧——以獲得現成的自然生產物爲主的時代，人類之技術的生產物大概是幫助這種獲得的工具。野蠻——獲得牧畜及耕作的知識，以及學習由人類的活動以增加天產物生產力的新方法之時代。文明——習得天產物的更廣大的利用，從事製造及藝術之時代。

第二章 家族

摩爾根，他把生涯的大部分送在住於紐約州的易洛魁人中間，而且過繼給他們的一個部落，卽塞奈卡族（Seneca）做養子，他從他們中間發見出一種和現實的親屬係相矛盾的親族制度來。在他們中間行着一種摩爾根稱爲「對偶婚」(Syndyasm ian or Pairing family)的雙方容易離婚的一夫一妻制。這種夫妻的兒女是受世間一般的證明與公認的。在那裏，對什麼人用父，母，子，女，兄弟，姊妹等稱呼，是沒有何等疑問的。但此等言語的實際應用，並不和牠們的根本意義相一致。因易洛魁人的男子，不僅稱自己的小孩爲子女，卽對他的兄弟的小孩也稱爲子女，而他就被一切小孩們稱爲父。惟對他的姊妹的小孩，他稱爲姪及姪女，他們稱他爲叔父。另一方面，易洛魁人的女子，稱呼自己的以及她的姊妹的小孩爲子及女，小孩們稱呼她爲母。但她的兄弟的小孩被稱爲姪及姪女，小孩們稱爲她叔母。同樣，兄弟所生的小孩們互稱爲兄弟姊妹，姊妹所生的小孩們也復如此。但一個姊妹所生的小孩和她的兄弟所生的小孩，互稱爲從兄弟及從姊妹。這種種稱呼並不是單純的空名，而是表現實際所行的血族關係的親疏及等級之概念的。

這種種概念是用以爲一個完全構成的親族制度之基礎的，是足以表現某一個人的數百種親族關係的。還有，這個制度不惟爲一切美洲印第安人所完全奉行——至現在尚未發見過例外——而且在印度的原住民中，在得康(Dekan)的杜拉維狄安(Dravidian)部落中，及在印度斯坦的哥拉（Gaura）部落中，也都差不多照樣通行。

南印度的泰米爾人(Tamils)及紐約州的塞奈卡易洛魁人所用以表示親族的名詞，就在現在，對二百萬種的親族關係是一致的。但在此等東印度人中間，也和一切美國印第安人同樣，由現行家族形態所發生的親族關係，是和親族制度不相一致的。

這將怎樣說明呢？鑒於在一切蒙昧及野蠻民族中，親族關係對社會秩序所表現的重要作用，我們是不能單用文句去磨滅這樣廣布的制度之意義的。一種制度，在美洲被普遍奉行，在亞洲的全然異種族的人民間也復應用，在非洲及澳洲全土也用多少變更的形態存在，像這樣的一種制度是應有一個歷史的說明，不能有如馬克楞南的嘗試，簡單地把牠打消了的。父，子，兄弟，姊妹的稱呼，不單是敬語而已；牠們還帶有一定的很恰當的極其嚴格的義務，這種義務的總體形成爲那種民族的社會組織的非常重要部分。這樣，說明就找着了。在散得維齒(Sandwich)諸島（夏威夷）中，到十九世紀的前半，還存有一種家族制度，其所應用的父，母，兄弟，姊妹，叔父，叔母，姪子，姪女，正和古代美洲印第安人的親族制度一樣。然而更有希奇的！在夏威夷所行的親族制度，也是和實際存在的家族形態不相一致。因在那裏，凡是兄弟姊妹的小孩，都無例外的看作兄弟姊妹，又不僅他們的母及她的姊妹，或他們的父及他的兄弟所生的小孩認爲共通的兒女，就是他們兩親的一切兄弟

第二章　家族

姊妹所生的小孩，也是無差別地認爲共通的兒女。因此，一方面美洲的親族制度雖以現今仍在夏威夷實際存在的一種絕對的家族形態爲前提，但另一方面夏威夷的制度還指出一種更原始的家族形態；這一種家族形態的實際存在，我們雖不能有更多的證明。但牠必定是曾經存在過的，因爲不是這樣的話，相應於此的親族制度便不能發生出來。照摩爾根講，家族是能動的要素；牠決不是靜止的，而是和社會之由低的階段進向高的階段的發達有點相似，由低的形態進步到高的形態的。但親族制度是受動的。牠們僅於長時距中記錄家族與時俱進所成的進步，又僅能當家族發生急激的變化時，才受到急激的變化。馬克思更說：『而且就在一般政治上法律上宗教上及哲學上的體系，也是同樣的』。當家族在繼續發展時，親族制度硬化了；後者依舊存續時，家族又超越牠而向前發展。屈維兒(Cuvior)從巴黎附近所發見的有袋動物的骨片，推論今已絕跡的有袋動物曾在那裏住過；我們以這個同樣的確實性，也可由歷史所傳下的親族制度，推論適應於這個制度的今已絕跡的家族形態從前曾經存在過。

上述的親族制度與家族形態，在每個孩子有數個父母這一點上，是與現行制度有不同的。在與夏威夷制度相適應的美洲制度下，兄弟及姊妹不能成爲同一孩子的父與母，但夏威夷制度正相反，是以這爲原則的家族做前提的。我們在此，就遇着許多家族形態，牠們是與以前習慣上認爲唯一妥當的那些形態直接衝突的。傳統的概念僅知有一夫一妻制以至一夫多妻制，或者一妻多夫制。但實際的習慣默然地且無顧慮地棄去了這一官僚社會所設的限界，把這事實適應着道德化的俗物，在沈默中隱去。反之，原始歷史的研究，告訴我們以這種狀態，即男子實行一夫多妻制，同時女子也實行一妻多夫制，從而他們所生的孩子認爲大家所共有；這種狀態在過度到最後的一夫一妻制以前，又經過許多的變化。這些變化是這樣的：牠把通婚的紐帶所抱擁的範圍逐漸地縮小，一直到僅留着今日所通行的一對的夫婦才止。

摩爾根這樣追溯家族的歷史，就與他的許多同伴相一致，到了一個原始的狀態

第二章　家族

，在那裏一部落之內行着無拘束的性交，從而一切女子屬於一切男子，而一切男子也屬於一切女子。

從十八世紀以來，對於這種原始狀態，已有許多論議，但僅不過極平凡的語句而已。惟巴背芬能認眞對付這個問題，又於歷史的及宗教的傳說中去求這個原始狀態的痕跡，實要算他的偉大功績之一。現在我們知道他所尋出的這些痕跡，並沒有追溯到無規律性交的階段，不過止於着實在後的形態即集團婚。那個原始的階段，假令確曾存在的話，也是屬於非常遼遠的時代，因爲這樣遼遠，所以我們也就難望能在那些社會的化石，即落後的蒙昧人中間，找出牠曾經存在的直接證據。巴背芬的功績便在把這個問題提到研究的面前。(註)

(註)巴背芬之如何不瞭解他所曾發見者或者當是推測者，可由他應用於這個原始狀態的雜婚（Hetaerism）一名詞證之。雜婚這一詞，在希臘人中間，是指未婚的或過一夫一妻生活的男子和未婚的女子之性交而言。所以牠常以先有一

定的婚姻形態爲前提，而於這個形態之外實行這種性交，且也含有賣淫之可能性。這一詞在別種意味上是從未用過的，我與摩爾根也在這種意味上使用牠。巴苛芬的最重要的種種發見，到處爲了他的如下的觀念而受絕端的神秘化，即是說歷史上男女的關係，其起源在於某一時期的宗教概念，而不由於生活的經濟情況。

最近否定這種人類性生活的初期階段，以期免除人類的『汚辱』，已成爲風氣。而且他們不僅主張沒有直接的證據，還引用其他動物界的實例。利托拿(『婚姻及家族之進化』Letourneau, Evolution du mariage et de la famille, 1888)即從動物界中引用許多事實，說是可以證明即在動物間，絕對無規律的性交也是屬於低的階段的。但是我從這些事實所能得的結論，祇有說一切這些事實對於人及其原始時代的生活關係絕對無所證明。脊椎動物之比較長期的對偶關係，可由生理的原因，例如鳥類當孵卵期間，雌者需要扶助，得到充分的說明。但在鳥類間忠實的一夫一妻制之實例；並不供給對於人類的證明，因爲人類非由鳥類傳來之故。

又若嚴密的一夫一妻制算是至上的道德的話，那麼椰子之葉（勝利之象徵——譯者）應當歸於條蟲所有，因在牠的五十個乃至二百個體節中，都有一套完全的雌雄生殖器，而且終生在各個體節中行各自的交接。但若把我們的觀察限於哺乳動物，我們可於此看出性交的一切形態，即有無規律者，有類似集團婚者，有一夫多妻制及一夫一妻制。只有一妻多夫制不能見到，那是惟由人類才得實現的。即在我們的近親獼猴類，在雌雄的羣居上，也表現種種可能的配合式樣。又若我們更把限界縮小，僅僅觀察四種的類人猿，那麼利托拿僅能這樣告訴我們：牠們是或者一夫一妻制，或者一夫多妻制；然照吉剌德條龍說，沙雪爾（Saussure）却主張牠們是一夫一妻制。又最近由惠特司馬克（『人類婚姻史』Westermarck, the History of Human Marriage, London. 1891.）所主張的類人猿之一夫一妻制說，也決沒有什麼證據。要之，忠實的利托拿承認：『在哺乳動物中，在知的發達的程度與性交的形態間，畢竟沒有何等嚴密的關係。』厄斯皮那斯(Espinas)也率直地說：(『動物之社會』Des Sccietes Animals, 1877)『羣(Herd)是在動物中間所見到的最高的社會集團。牠似由家族所構成，但從最初家族與羣即相對抗；各在直接反對的關係內發達。』

從上面所述的看來，這是顯然的，我們對于類人猿的家族及其他社會的集團，沒有什麽確實的知道；各種報告都是直接互相矛盾的。這原沒有什麽希奇。即在蒙昧人部落上我們所得的報告，也是非常矛盾，非常需要批判的研究與推敲的。惟猿的社會，更比人類社會難以觀察。因此在現在，我們必須避忌一切從這樣絕對不可信託的報告，來下結論。

然而上面從厄斯皮那斯引用的話，可給我們一個較好的線索。在高等動物中，羣與家族並不互相補充，却相對立。厄斯皮那斯很巧妙地記述在交尾期內雄的嫉妒是怎樣地弛緩或者暫時解散羣居的集團。『在家族有嚴密組織之處，羣的形成祇是一種例外。但在自由性交或一夫多妻制存在之處，群會差不多自然地發生。……爲

第二章　家族

使羣可以形成，家族的束縛必先解鬆，個體必須自由。因爲這個理由，我們就難得在鳥類中見到有組織的羣。……然在哺乳動物中，我們却見到幾分有組織的集團，這正因在這裏，個體並不構成家族之故。……從而羣的共同感情發生之大敵，莫過於家族關係之意識。我們不怕這樣斷言：比家族更高級的社會形態之發達，僅能由牠包容已受過一種徹底變化的家族而成就。但這並沒有否認這些家族以後在無限優越的境遇之下得以改組的可能性。』——見上述厄斯皮那斯一書，由吉剌德條隆之Origines du mariage et de la famille, 1884, P. 518－20所引用。

由此可見動物的社會在作成對于人類的社會之結論上，確可以有若干的價值——不過僅是消極的罷了。高等脊椎動物，在我們所知道的範圍內，祇有二種家族形態：一夫多妻制或一夫一妻制。無論在何種形態，祇許有一個成年的雄，一個丈夫。爲家族的紐帶又爲其限制的雄之嫉妒，引起動物家族對羣的對抗。較高級的羣居形態的羣，爲了雄的嫉妒，不是變爲不可能，便是被弛緩了，或者在交尾期間被解體了，即算在最好的場合，也要阻止牠的繼續的發達。這一事實的本身就是具足的證明，即動物的家族與人類的原始社會並不是一致的；由動物性力謀向上的古人，是全然沒有家族的，即使有個家族，也不是在動物間所存在的。在進化途上像人類那樣無防衛能力的動物，即在相互隔離的狀態中——牠的最高等的羣居形態，有如惠斯特馬克根據獵人的報告，歸於大猩猩與黑猩猩的，是一夫一婦制——怕也只有少數得繼續生存。然為脫離動物性而向上發達，為實現自然所指示的最大的進步，尙有一個要素是不可缺的，即由全羣的協力與合作以補足個體所不具的防衛能力。由野獸向人類之過渡，如由今日類人猿的生活狀態出發，將絕對不能說明。這種類人猿寧是給我們一種所謂傍系的印象，即是逐漸行向絕滅，至少也是在衰落的道上的。單從這件事實，也就夠否定一切要由牠們的家族形態以類推原始人的家族形態之並行論法了。但只有已成年的雄之相互忍耐與由嫉妒之解放，才是構成那樣大而且永常的集團之第一條件，而由野獸到人類的進化，便惟有在那種集團內能以實現。又在實際上，我們能找出些什麼來，可算爲在歷史上不容否定地證明，且在今日還可從這裏那裏發見之最古最原始的家族形態呢？那是集團婚，在那種形態之下，全團的男子與全團的女子互爲所有，所以殆無嫉妒的餘地。其後在更發達的階段上，我們見出一妻多夫制的例外形態，這是打破了一切嫉妒的感情，所以在動物界是不知道的。

但是爲我們所知道的一切集團婚的形態，因爲伴着這樣特別錯綜的條件，所以必然地要回顧到以前較簡單的性交形態，且最後還須回顧到和由動物向人類的過渡相適應的無規律性交的一個時期。因此，說到動物的婚姻，就要引我們回到那一點上，即正爲我們所當永遠離去的。

然則所謂『無規律的性交』是什麼意思呢？簡單不過是現在所施行的禁例沒有正式奉行罷了。我們已經述過嫉妒的障壁之倒壞。要是眞有這種事情的話，那麼嫉妒的發達當在較後的時期中。血族相姦（incest）也復如此。不惟兄弟姊妹本是夫婦，即親子間的性交在今日許多民族中也還受許可。班克洛夫（Bancroft）曾舉出白令（Behring）海峽的加惟提（Kaviat）人，阿拉斯加（Alaska）的卡打克（Kadiak）人，英領北美洲內地的廷涅（Tinneh）人以作證；利托拿也曾從斥北韋（Chippeway）印第安人，智利的庫庫（Cocoos）人，印度支那的加勒皮人（Caribeans），卡梭人（Carens）搜集同樣事實的報告；至于古代希臘人及羅馬人關于帕提亞人（Parthian）波斯人（Persians）西徐亞人（Scythians）匈奴人（Huns）等的記述自更不必說了。在血族相姦被發見之前（這是一種發見，確乎有最高價值的發見），親子間的性交，比屬于異世代的別人間的性交，並不更覺可驚；而後者即在今日最褊狹的國家，也倘在實行，沒有引起什麼驚奇。有時六十歲以上的老「姑娘」，假使她們有足夠的錢，也會與不過三十歲的青年男子結婚。倘若我們從我們所知道的原始家族形態中除去血族通姦的那些觀念——與現代我們所有的全異且發生直接衝突的觀念——我們就到達一種僅能夠為無規律的性交形態。這所謂無規律，是說後來由道德慣習所設立的制限尚未存在之意。這却不一定就指當作日常習慣的雜亂無章的性交。一時的一夫一妻制，並不是沒有，而且即在我們這時代的集團婚中還是常有的。又若最近否認這種原始狀態的人即惠斯特馬克稱那種兩性在未生孩子以前一直保持配偶關係的狀態爲婚姻，那麼這就等于說這種的婚姻，即在無限制的性交期內，也可與無規律性——即不由慣習設定性交制限——不相衝突地泰然存在。惠斯特馬克自己根據這樣的見解，即以爲：『無規律包含個人的情感之壓遏』，從而『賣淫是牠的最純正的形態。』在我則甯以爲只要是戴妓院限鏡去看牠們，便將永不能理解原始形態的一切。關于此點，我們當于論集團婚處再說。

照摩爾根，以下幾種的家族形態是在很古的時期由這個無規律性交的原始狀態發達的：

一，血緣家族(The Consanguine Family)　這是家族的第一階段。在這裏，婚姻集團是由世代而區分的：即在家族的範圍內，所有祖父母皆互爲夫妻；他們的子女卽父母也是一樣，再由他們的子女成爲共同配偶的第三羣。這批人的子女，卽第一羣的曾孫們又成爲第四羣。從而在這樣的家族形態中，祇有祖先與子孫是被排除在我們所欲稱爲婚姻的權利與義務之外的。此外的兄弟與姊妹，第一第二及更遠緣的從兄弟與姊妹，都是互爲兄弟姊妹，且正因這個理由，就互爲夫妻。兄弟姊妹的關係在這一階段，當然包含性交的行爲在內。(註)

(註)一八八二年之春，馬克思用最强的語調記述瓦格勒(Wagner)在Nibelungen歌詞中所含：『誰曾聽到阿哥抱着妹妹做新娘？』這樣對于原始時代整個的誤解。對于這批瓦格勒式的色情狂的神們，他們眞是趕着時髦，由一點兒血族通姦的刺戟，正在給他們的「爭風」添着勁兒的，馬克思這樣地囘答：『在原始時代，妹是妻，而且那是道德的。』(在第四版)一位瓦格勒的法國友人又是他的崇拜者不同意於這個註脚，說卽在厄革斯德勒卡(Oegisdrecka)之中，——這是瓦格勒作曲所根據的更古的厄達(Edda)，(十三世紀斯干

第二章　家族

狄那維亞的神曲——譯者）——羅岐（Loki）已經這樣地責備夫賴（Freya）：『在神的面前，你擁抱着你自己的哥哥。』這個，他說，證明了兄弟姊妹的結婚即在那時候已被禁止了。但厄革斯德勒卡是對于古神話的信仰已經完全搖動了的時代之表現；牠是純粹對於琉細安（Lucian）神的諷刺歌。假使羅岐常作麥非斯托（Mephisto）這樣地非難夫賴，那麼這倒是一個對瓦格勒的反證。在以下二三行中，羅岐對諾爾特（Niordhr）也說：『你同你的妹生了〔這樣的〕一個兒子』。（Vidh systur thinni gatzu slikan mog.）諾爾特不是亞撒（Asa）人，而是發那（Vana）人；且在永林加佐賀（Ynglinga Saga）中說，兄弟姊妹間的結婚在發那國雖是通行，但在亞撒族並不如此。這恐怕是表示發那人是比亞撒還要古的神。但無論如何，諾爾特是和亞撒人過着平等的生活的。因此，厄革斯德勒卡寧是一種證據，證明在挪威（Norwegian）神話發生的時代，兄弟姊妹間的結婚，至少對神們，尚未引爲可嫌。若爲辯護瓦格勒起見，與其引用厄達，倒不如引用哥德來得好。哥德在他的神與舞妓的敘事詩中，對于宗教的婦人委身也是犯着同樣的錯誤，且過於接近近世的賣淫的。

這種樣的家族之典型的形態，恐怕是由一對夫妻的子孫成功的，他們復代表了各個等級的子孫，互為兄弟姊妹，從而又互為夫妻。血緣家族是已經絕迹了的。即使歷史上最最粗野的民族，也不曾表現可以為證的例子。但現在在玻里內西亞全部所施行的夏威夷式的親族制度，却強制我們承認血緣家族之曾經存在，因為牠表示了血緣的等級，這是只有在這種家族形態之下才能發生的。而以後家族的全體發達，又使我們承認這種形態是一個必然的先行階級。

二，普那路安家族 (Punaluan Family) 組織之第一個進步在於禁止親子相互間的性交，第二個進步便在禁止兄弟姊妹間的性交。這一進步為了關係者在年齡上的更較接近，故比第一個進步重要得多，但也困難得多。牠是逐漸實現的，恐怕先由本身的姊妹（卽母方的）之除外開始，最初是單獨的，以後漸成爲慣例（在夏威夷，當十九世紀尙有例外），終于到了禁止遠緣的兄弟姊妹間的婚姻，卽我們所稱爲兄弟的及姊妹的子，孫，及曾孫間的。照摩爾根說，這一進步是適好的實例可以說明自然淘汰的原則是怎樣地作用。由這個進步限制血緣性交的部落，比那些依然把兄弟姊妹間的結婚當作規則法律的部落，要有更快而且更完全的發達：自是無疑義的事。至于這個進步的影響是怎樣有力，可于由這個進步直接所發生而遠遠地超出這個目的的氏族之制度來證明。氏族是縱非全部但是大部分的野蠻民族的社會秩序之基礎，而且在希臘及羅馬，我們是由此直接進於文明的。

一切原始家族，至遲在二三代之後，必然地要起分裂。到野蠻中期尙在盛行的原始共產的聯合家屬（household），對于家族共產體的大小頗有一種最大限度的制約，雖也視境地而有差異，但大致仍是限定的。到同母所生的子女互行性交是不當的觀念一經發生，就自然地影響于舊家屬共產體的分裂與新家屬共產體的成立（但這個家屬共產體不一定與家族集團相一致）。一系列或者數系列的姊妹成爲一家屬共產體的核心，她們的兄弟又成爲他一家屬共產體的核心。以這樣或者相類似的方法，由血緣家族而被摩爾根名爲普那路亞家族的形態，就發達起來。按照夏威夷的慣習，許多本身的或遠緣的姊妹（即第一第二或更遠等級的從姊妹）成爲她們共同之夫的共同之妻，然她們的兄弟是除外的。此等男子現在不復互稱爲『兄弟』——他們已沒有這個必要——而稱爲『普那路亞』（Punalua），即是親密的伴侶所謂 associate 者是。同樣，許多本身的或遠緣的兄弟和許多不是姊妹的女子結爲婚姻，此等女子也互稱爲『普那路亞』。這是家族形成的古典的形態；以後雖受不少的變化，但牠的主要特徵是在一定的家族內共有相互的夫妻，其中最先是本身的兄弟（或姊妹）以後是遠緣的兄弟（或姊妹）都除外的。

這個家族形態，現在是最精確地告訴我們以美洲制度所表現的親族等級。我的母親的姊妹的子女還是她的子女；同樣，我的父親的兄弟的子女也還是他的子女；

而他們全體都是我的兄弟姊妹。但我的母親的兄弟的子女，現在是她的侄子侄女，我的父親的姊妹的子女，是他的侄子侄女，而他們全體是我的從兄弟與從姊妹了。所以這樣說者，是因我的母親的姊妹的丈夫也是她的丈夫，同樣我的父親的兄弟的妻也是他的妻——即使事實上不一定永遠如此，而在法律上是如此的。——兄弟姊妹間性交之社會的禁止，現在已把向來無差別地視爲兄弟姊妹的那些親族分爲兩類。即一方照前一樣，互（遠緣的）爲兄弟姊妹；他方或爲兄弟的子女或爲姊妹的子女，而不得再爲兄弟姊妹。後者不復能有共同的父母，無論是共同之父或母或兩者皆不能有。因此，在以前家族制度下或被認爲不合理的侄子侄女從兄弟從姊妹的階級現在開始成爲必要了。美洲的親族制度，牠在任何種以一夫一妻制爲基礎的家族形態上看來似乎是全不合理的，都可由普那路安家族，連在最微細之點，都獲得了合理的解釋與自然的根據。凡有這種親族制度實行的地方，就也必有普那路安家族或至少類似于此的形態存在在那裏。

倘若敬虔的教士，像在美洲的西班牙僧侶一樣，能把這一種反基督教的關係看作不單是『恐怖』，而是具有在此以上的意義，那麼曾在夏威夷證明過實際存在的這種家族形態，大概當已被全體玻里內西亞傳受到了。(註)徹薩爾的報告，說當時在野蠻中期的佈立吞人，『每十人或十二人共有一妻，而且大多數是兄弟和兄弟，親和子』，這惟由集團婚最能說明。野蠻時代的母親，沒有十個或十二個兒子，其年齡大到足以保有共同的妻；但適應於普那路亞家族的美洲親族制度，因為一個男子所有一切近親的及遠緣的從兄弟皆是他的兄弟，所以能有許多兄弟。所謂『親和子』這一語或許是起於徹薩爾的謬見，但這個制度却並不絕對排除父與子或母與女在同一婚姻集團內之存在。惟父與女或母與子之關係是絕對不得有的。這一種或相類似的集團婚形態，對於希羅多德(Herodotus)及其他古代著作家關於蒙昧及野蠻民族婦人共有的報告，也予以最容易的說明。還有，這對於瓦特遜及卡耶(Watson and Kaye, the People of India)說及奥士地方(Audh)(在恆河之北)的底庫爾人(T

第二章　家族

ikurs)的如下的話，也是確實的：『他們在大共產體之中，差不多無差別地過着共同生活(即性的方面)，所以即使有二人或許被視爲結了婚姻，但這個約束仍不過是名義上的。』

(註)巴荷芬所宣稱已經發見的無差別性交——他稱爲『親族通姦的生殖』(Incestuous generation)——之踪迹，可歸於集團婚：今已無疑問的餘地。『要是巴荷芬視那種普那路安婚爲『無規律』，那麼當時代的人將視我們現在在近親與遠緣的從兄弟姊妹間的婚姻之大部分爲在父方或母方的血族通姦，即血族的兄弟姊妹間之婚姻。』——馬克思。

氏族的制度，在大多數例子上，似由普那路安家族起源的。的確，那個澳大利亞的階級制度也給他一個出發點。澳大利亞人雖有氏族，但尚未有普那路安家族，祇是一個更粗野的集團婚形態而已。

在一切集團家族的形態中，誰是孩子的父親雖不確定，但誰是它的母是確定的。雖然她稱一家內的一切子女爲她的子女，而且還有對於他們的母的義務，但她仍能知道她的本身的子女。所以在集團婚存在的範圍內，血統僅能由母方證明，且祇有母系被確認，自也是顯然的事。在一切蒙昧及屬於野蠻下期的民族間，確是這種情形。最先發見着這一點，是巴苛芬的第二種大功績。他用『母權』(Maternal law)的名稱，稱許這種專由母系認識血統及在時代經程上由此發生的承繼關係。這一名稱雖因在這個社會階段上尚未有法律意味的什麽權利一類的見地，故並不算正確；但爲了牠的簡單，所以我還保留牠。

如果我們現在從普那路安家族的兩種根本集團中，單取那一種本身的及遠緣的姊妹的一系列(卽本身姊妹所派生的第一，第二乃至更遠緣的等級)和她們的子女及她們在母方的本身及遠緣的兄弟(照我們的前提，他們並不是她們的夫)，那麽我們就能確實地知道那一團人的範圍，卽後來當作氏族的分子，出現在這一制度的原始狀態中的。她們全體，由於所生各同時代的女性子孫，皆是妹姊，故有一個共同的

第二章　家族

始祖母。但此等姊妹的夫，再也不能從自己的兄弟輩中選出，不能爲由同一個始祖母所生出者，從而也不屬於後來成爲氏族的血緣集團。然而她們的子女屬於這個集團，這因祇有從母系的血統才算確實，也爲最後的決定之故。當兄弟姊妹間的，甚至母方最遠緣的旁系親族間的性交禁止一經確定，上述的集團即轉化爲氏族；換言之，即組成爲一個由女系血族關係者所成不許互相通婚的確定的羣；這個羣以後因有社會的或宗教的別種共同制度，愈益强固，且與同一部落內別個氏族有所區別。這一點容後再爲詳說。

我們見了氏族不惟必然地而且也是當然地從普那路安家族發達起來，那麽認定在一切有這種氏族可以證明存在的民族中，即差不多在一切野蠻人及文化民族中，確實是有這種家族形態存在過的，也是顯然的了。

當摩爾根著他的書時，我們關於集團婚的知識尚是非常淺薄。我們對於有階級組織的澳大利亞人的集團婚，簡直所知極少；而摩爾根已於一八七一年發表了他所接得關於夏威夷的普那路安家族的報告。這種普那路安家族，在一方面，給爲摩爾根全部研究出發點的在美洲印第安人間所行的親族制度以完全的說明。在他方面，牠成爲理解母權氏族由來的根據。最後牠表示比澳大利亞階級更高等的發達階段。

所以我們很容易明白摩爾根是怎樣地把這個形態視爲必然地先於對偶婚(Pairing family)的階段，又以爲是在以前時代所一般通行的。自後，我們知道了集團婚的其他幾種形態，現在又覺得摩爾根在這方面走到極端了。但雖然如此，他於普那路安家族上，遇着最高的古典的集團婚形態，且由此得以最直接地說明向更高階段過度的情形，終算仍不失爲他的好運。

予我們關於集團婚的知識以最基礎的貢獻者，要推英國敎士羅里摩費沙(Lorimer Fison)，他曾在這種家族形態的古典的故鄉澳大利亞研究過多年。他從南澳大利亞甘比亞(Gambier)山附近的澳洲黑人(Papuan)中發見最低度的發達階段。在

第二章　家族

這裏，全個部落分爲二大階級：克洛基（Kroki）與庫米德（Kumit）。在此等各個階級內部的性交嚴受禁止。但一個階級內的每個男子是別個階級內每個女子的生成的夫，反之後者也是前者生成的妻。不是個人對個人結婚，而是全集團的，即階級對階級的。而且這是很顯然的，無論何處，並不因年齡或特別的血緣而使結婚有何等的制限，除非是分成二個族外婚的階級，才有什麼限制。克洛基的一個男子以庫米德的一切女子爲他的妻。而他自己的女兒，因是一個庫米德女子的女兒，故從母權也算爲庫米德的人，因之她是每個克洛基的男子，也就是她的父親的生成的妻。至少在我們所知的範圍內，階級組織並不排除這種情形的可能。所以這種的組織或者可說是那個時代的產物，即雖有想限制血緣性交殖的種，朦朧的衝動，而親子間的性交尚未被認爲特別可以嫌忌的；倘若眞是這樣情形的話，那麼這個階級制度當是由無規律性交狀態直接發生出來的。又或者可說是當階級成立時，親子間的性交是已被慣習禁止了；若是這樣情形的話，那麼今日的狀態當是血緣家族的反映，且是由這脫離的第一步。恐怕後者一方面的情形為更合事實些。因為就我所知，在澳大利亞並無親子間性交關係曾經存在的例證的表示。即使是為族外婚後來形態的母權氏族，通常也是默默地以當氏族成立之初即已有禁止這種性交關係的事實存在為前提的。

這個分為二階級的制度，不特見於南澳大利亞的甘比亞山附近，且也見於更東方的達林河（Darling）流域及昆士蘭(Queensland)的東北。所以這個制度是廣布的。牠僅把兄弟姊妹間，母方的兄弟的子女間與姊妹的子女間的結婚，因屬於同一階級之故，除外不許；但姊妹的子女能與兄弟的子女結婚，反之也然。更進一步的血緣性交的制限，是見於新南威爾斯（New South Wales）達林河流域的卡米拉羅依(Kamilaroi）人中間，在那裏，兩個原始的階級分裂為四個，而各階級皆同樣地與其他某一階級行全體的結婚。最初的兩階級互為生成的夫婦。視母之屬於第一或第二階級，定子女之屬於第三或第四階級。這後來的兩階級的子女，他們也是互相結

第二章　家族

婚的，再分屬於第一及第二階級。這樣，最初的一代屬於第一及第二階級，第二代屬於第三及第四階級，以後的一代重屬於第一及第二階級。因此本身的兄弟姊妹的子女（在母方的）雖不得爲夫妻，但他們的孫子孫女却可以爲夫妻。這個特別複雜的制度——雖是以後的事情——因母權氏族的接合，愈變爲混亂。惟我們不能對此再多所論及。血緣性交制限的衝動，雖然曾經幾次要求實現，但並無明確的目的意識，是全然在自發的摸索中以行的。

集團婚在澳大利亞所表現的，是階級的結婚，即是時常分布於大陸全部的整個男子階級與同樣廣布的女子階級間之集團的結婚。詳細地觀察這種集團婚，並沒表現有如見慣妓院狀況的俗人所空想之那樣恐怖狀態。反之，即在有人僅僅推測有這種婚制的存在以前，原已經過了悠久的年代，何況在最近期內，又復否定了牠的存在。在皮相的觀察者，會得着一種放縱的一夫一妻制及有時不免破壞貞操的一夫多妻制之印象。要發見那平常歐羅巴人，從實踐性上所表示的結婚狀態之規律的法則，有如費沙及胡威德（Howitt）所為，正非有數年工夫不辦。這一法則是使異族的澳洲蠻人到離本鄉數千哩之遠的地方，從說為他所不懂的語言的人間，常從羣到羣，從部落到部落，去探求那既不反抗也不懷惡意而服從他的妻之法則；這一法則又是使那按法得有多妻的人，讓與一妻給他的客人過夜之法則。那在歐羅巴人視為不道德與無規律的地方，事實上正行着一種嚴格的法則。此等女子屬於這個異族的婚姻階級，所以她們是他的天生的妻。這一指示兩個階級相互結婚的道德律，用驅逐的刑罰禁止相互所屬的婚姻階級以外的一切性交。就在時常在許多地方當作通例的女子被掠奪的時候，這個階級的法則還是慎重地被遵守着。

更就女子掠奪來說，向一夫一妻制過渡的形迹也就在這裏發現，至少是在對偶家族的形態上。如有一個男子因友人的幫助而掠得一個女子，那麼他們雖可以輪流地與她性交；但到了後來，這個女子被認為那發動掠奪的青年男子的妻，再如有一個被掠奪的女子背棄了她的丈夫而逃，被別個男子所捕獲，那麼她就成為後者的妻，第一個男子就失了他的特權。與一般倘存在的集團婚並行又在其內部，形成了這種樣的排外關係，卽與一夫多妻制並行的長期或短期的對偶關係。故卽在這裏，集團婚也正在衰落。因此，問題便只在在歐羅巴人影響之下，集團婚與遵守牠的澳洲黑人，究竟是哪一項先行消滅。

在澳大利亞所行的那種全階級的婚姻，的確是集團婚中之極低度而原始的狀態；但普那路安家族，就我們所知，乃是牠的最高度的發達階級。前者似是適應於漂流的矇昧人之社會階段，後者比較的需有住定的共產主義的共同體，而且直接引入到其次更高度的發達階段。在這兩種中間，我們還可看出許多種的中間階段。但這裏便留着一個僅僅公開而難以措手的研究領域。

三，對偶家族(Pairing Family)　某程度的對偶關係，時期雖有長短；但卽在集團婚期間或者還在牠以前，是已存在了的。一個丈夫在他的許多妻中間，有一個正妻(還不能稱牠爲愛妻)，而他對於她也是在許多夫中間的一個主夫。這一事實對於那祇集團婚或爲一種無規律的女子共有，或爲一種任意的通姦之教士們，曾給以不少的惶惑。然這一種習慣的對偶關係，因氏族之愈趨發達，不許互相通婚的『兄弟』及『姊妹』的階級人數之愈加多，遂也更見確定。那由氏族所發動的限制血緣者間結婚之衝動，仍在發生更大的作用。這樣我們在易洛魁人及在野蠻下期的大部分印度人中間，就發見在他們親族制度內一切有關係者之間是禁止結婚的，其種數且多至數百。因這種婚姻限制之益見盛行，於是集團婚成爲愈不可能，由對偶婚起而代之。在這一階段中，一個男子與一個女子共同過活；不過一夫多妻制和不時的通姦，依然成爲男子的特權，雖然前者因經濟的理由不大發現。而女子當同居期內，大抵須嚴守貞操，如她們有了通姦是要受殘酷的處制的。惟婚姻的約束可由任何一方容易廢棄，子女與前一樣，祇屬於母。

即在這樣愈見盛行的限制血緣者間結婚之事情中，自然淘汰依然發生效力。用摩爾根的話，便是：『非血緣氏族間的婚姻，產生肉體上及精神上更強壯的人種；

兩種進步的部落通婚，新的頭蓋與腦髓自然一直擴大，到牠們包容了兩方面的能力才止。』這樣，包含氏族的部落必然地支配了落後的部落，或者由於他們的模範將落後部落提高。

這樣看來，家族發達的基礎，在於繼續地縮小通婚的範圍，這個範圍最初是包括全部落，在其內部實行兩性間的婚姻共有的。後來先從近緣的，次從遠緣的親族，最後連不過法律上姻戚關係的人，都逐漸地禁止通婚，因此一切種類的集團婚在事實上皆成爲不可能。最後便只剩下一時的又鬆懈的所結合的一對偶；那是一解體就算消滅婚姻的原子。從這件事上，我們也可以推知近代意義的個人性愛是如何的與一夫一妻制的起源全無關係了。而由在於那一階段的各民族的實踐上，還可以見出更多的證明。在以前的家族形態中，男子決不苦於女子之不足，倒反有足夠以上的女子；但如今女子變了稀少，而須搜求了。所以自有對偶婚以來，女子的掠奪及買賣也就開始——那只是一種新起的更根本的變化之普遍的徵象。然術學的蘇格蘭人馬克楞南竟把這些不過爲獲得女子方法的徵象，在「掠奪婚」與「買賣婚」的標題之下，變爲特殊的家族階級了。還有，在美洲印第安人及別種在同一階段的民族間，婚約並不是最有關係的當事人的事——他們是常連問也不被問及的——而是他們的母親的事。所以兩個全不相知的人，這樣地訂成婚約，直到婚期逼近時才知道約束已定的事情，是常有的。結婚之前，新郎送禮物給新婦的母方的親族（不是她的父親和他的親族），作爲讓渡那個少女給他的代價。已結婚的當事人得任意解除婚姻。但在許多部落中間，例如易洛魁人，否認這種離異的輿論已逐漸形成。當有家內爭論發生時，雙方氏族的親族出而竭力調解，等調解不成功時，才實行離婚。解婚時，子女歸妻所有，以後雙方得再行自由結婚。

這種對偶家族，因爲太微弱，太不穩定，沒有成爲一個必要的或單單希望的獨立家政之力量，故決不會取消從前代所傳下的共產主義的家屬。但共產主義的家屬含有一家內由女性支配的意味，這與只能認識生身的母而不能確認生身的父含有尊

第二章　家族

帶女性卽母的意味者，正復同樣確實。說社會開始時女性爲男子的奴隷，乃是從十八世紀啓蒙主義所發生的最荒謬的觀念之一。在一切蒙昧人及在下期與中期甚至有時連一部分上期的野蠻人中間，女性不單有自由，且居於大受尊敬的地位。至她們在對偶婚之下尙屬何種情形，可引在塞奈卡易洛魁人間傳道多年的敎士奧沙來特(Authur Wright)的言作證：『講到他們的家庭，當他們還住在老式的長屋(long houses多數家族之共產主義的家屬)中時，……常有一个氏族(Clan卽gens)統治，從而女性從別个氏族中選擇她們的夫。……通例，女性方面支配這一家；貯藏品爲大家所共有；但因過於怠惰過於笨拙，不能向公共貯藏貢獻他的命分的不幸的丈夫或愛人，就要受罪。不管他在家內有如何多的子女或如何富的私產，他須隨時受命，搜集他的所有物到別處去。而且他也不敢企圖任何種的反抗；家已使得他非常難堪了，他除回歸自己出生的氏族，或像最普通的情形到別個氏族中去尋覓一個新的妻以外，再也沒有出路。女性在氏族(Clan)及此外任何地方，皆握有支配的權力。

有時她們可以毫不躊躇地罷免一個會長，把他降爲普通的戰士。」

這種共產主義的家團，即大部分或全體的女子雖屬于同一氏族，而丈夫却來自不同的氏族的，實爲在原始時代普遍通行的女性占有優越的支配之物的基礎。這一事實的發見，便是巴霍芬的第三種功績。

爲補充起見，我願聲明：旅行家及教士們關於在蒙昧人及野蠻人中間女性負担過度的勞動之報告，實與上面的記述一點也不衝突。兩性間的分業，是由和女子在社會上的地位全然各別的原因所引起的。在那種民族中，即女子的勞動必須多於我們所認爲相當的量的，他們之尊敬女子，實比歐羅巴人還要來得厲害。文明國家的貴婦人，外面套上尊敬的假面，對於一切實際勞動完全隔離，她們比起野蠻時代辛勤力作的女性來，實站在一個無限低等的地位上；後者在民族中被視爲眞正的貴婦人(Frowa-lady-mistress)。

在美洲的現代的對偶婚是不是已完全驅逐了集團婚，祇能由尙在蒙昧上期的西

第二章 家族

北諸民族，特別是南美諸民族中作精密的攷察，才得決定。對於後者正有許多無規律性交的報告在流傳，故說在那裏已完全斷絕了古代的集團婚，殊難相信。顯然地，牠的全部痕跡尙未消滅。至少在北美的四十個部落中，與長姊結婚的男子有權利使她的妹一到適當的年齡卽成爲他的妻，這就是姊妹全體共有丈夫的遺制。據班克洛夫說，加里福尼亞半島上的印第安人，爲了無差別性交的目的，聯合幾個『部落』，舉行一種典禮。這顯然是那種氏族，把從前一氏族的女子以別個氏族的全體男子爲她們共同的夫，而反之也復如此的時代，在這些典禮中保存了一點朦朧的回憶。同樣的慣習，在澳大利亞仍在奉行。在有幾種民族中，有時發現年長的男子，酋長及爲魔術師的僧侶，爲了自己的利益，奪取女子的共有，且獨占所有的女子。但爲報酬計，當舉行某種典禮及大集會期間，他們必須回復以前的女子共有，讓他們的妻去和年輕男子尋樂。這一種在短期間回復古代自由性交的週期的撒特恩節（Saturnalia）之許多實例，惠斯特馬克（在他的『人類婚姻史』二八——二九頁）在印度的和人（Hos），散塔爾人（Santals），判查人（Punjas），及科塔爾人（Kotars），幾種非洲民族，及其他人種中引述過。惟惠斯特馬克由此推出結論，以爲這並不是爲他所否認的集團婚的遺制，而是原始人與他種動物所共有的交尾期的遺制，却希奇已極了。

這裏我們要說到巴苛芬的第四個大發見：由集團婚到對偶婚之普通的過渡形態。巴苛芬所稱對於違反古代神聖法制的贖罪，即女子由此以買回對於貞操的權利者，事實上不過是這一種贖罪之神祕的表現，卽女子爲了脫離古代男子共有的束縛而獲得專委身於一個男子時所行的。這種的贖罪由女子之制限的委身以行：巴比崙的女子必須一年中有一回獻身於邁立泰（Mylitta）的神殿；其他西部亞細亞的各民族送他們的女兒到阿那的司（Anaitis）的神殿，在那裏她們須與自己所選的愛人實行自由戀愛，如是者數年，然後才實行他們結婚。套上宗教面目的同樣的慣習，在地中海與恆河中間的差不多一切亞細亞民族內，皆是通行。贖得自由的贖罪行爲，

第二章　家族

有如巴苛芬所指說，跟着時代的經過，愈益趨於容易：『年年返復的委身，改爲一生只一度的犧牲；老婦的雜婚制變爲少女的雜婚制；在結婚期間也奉行的亂交變爲單在結婚之前奉行；對一切人無分辨的性交變爲對某幾個人的性交。』（母權論，序文十九頁）在其他民族間，這種宗教的假面正在消失。在別的民族間——古代的色雷斯人（Thracians），克勒特人（Celts），印度的許多原始住民，馬來民族，現代的南洋羣島的土人及美洲印第安人——少女在結婚以前享有絕對的性的自由。特別在南美洲，到處都是如此。無論何人祇要稍稍到過內地的都可證實。阿伽西（『巴西旅行記』Agassiz, A Journey in Brazil, Boston and New York, 1886, P. 266）曾有一段講到屬於印度系統的一個富家的軼話。當他被介紹給這一家的女兒時，問及她的父親，以爲他當是與巴拉圭（Paraguay）作戰時爲軍官的這位母親之夫。但母親微笑着回答：『Nao tem pai, he filha da fortuna』——她是沒有什麼父親的，她是偶然生的女兒。『印第安人或混血種的女子常是這樣地說到她們的婚姻外所生的子女；她們說這種的話是沒有什麼羞恥或責備的情調的。這既已這樣不是異常的情形，故在一般人中間，相反對的情形倒像是例外了。孩子們可以知道母親，因為一切的養育與責任都由她担負。但對於她們的父親是什麼都不知道的。又在女子方面，似乎也一點不想到她及她的子女可以對他有什麼要求。』這些在文明人看來像是奇異的事情，在母權制及集團婚上却不過是通例。

又在其他民族中間，新娘的朋友親戚或婚禮的客人可以要求對於新娘的傳統的權利，而新郎反落在最後。這種慣習在古代流行於巴利阿利諸島（Baleares）上及非洲的奥及斐人（Augilers）間；而在阿比西尼亞（Abysinia）的巴需（Bareas）人中，現在尚在奉行。更在他處，一個有公職的人——即部落或氏族的長，酋長，黄教僧（Shamane），僧侶，領主及其他有稱號者——可以代表團體，以行使對於新娘的初夜權。不管一切新浪漫主義的粉飾，這個初夜權（Jus primae noctis）雖至今日，還當作集團婚的痕迹，仍流行在阿拉斯加的大部分土人中（Bancroft, Native Races,

第二章　家族

I, 81.)，北部墨西哥的泰和人(Tahus)中及其他民族中。又當中世紀的全時代間，至少在原始的克勒特(Celtic)人諸國，例如阿拉哥尼亞(Aragonia)，是直接由集團婚傳受的，曾有過這種慣習。一方在加斯的利亞(Ca tilia)，農民雖決不是農奴；但在阿拉哥尼亞却行着極端的農奴制，一直到一四八六年經天主教王斐狄南(Ferdinand)的判決才告廢止。在這一文書中我們可以看到：『我們判決且宣告上述領主們(Senyors 男爵等)……不得和農人之妻在結婚後之第一夜同衾，也不得在結婚之夜，當女子已就床時，當作他們的權威的表徵，跨越所說的女子或床。還有上述領主們，對於農人的女或子，無論付代價與否，不得違反了他們的意志去使用。』(由蘇根海姆的『農奴』Sugenheim, "Serfdom", Petersburg, 1861, P. 35 用 Catalonian 語的原文所引用者)

還有，巴哥芬主張由他所名為『雜婚制』或(Hetaerism)或『親族通姦的生殖』(Incestuous generation)者向一夫一妻制之過渡，本質上是由女子形成的，這也非常正當。在經濟發達經程上，跟着發生古代共產主義的沒落與人口密度的增大，從而傳統的性的關係愈加失去了牠們的適於原始森林時代的素朴的性質，於是在女子方面也自然地感到更低微更被壓迫，且終於對於貞操的權利，即暫時的或永久的祇與一個男子結婚以資救濟的希望也不得不更加强。這種進步之不能由男子方面形成，就只爲了一個簡單的理由：他們對於現實的集團婚的愉快，絕對不會想到要放棄的，雖是到了現在也還如此。直到女子已把向對偶婚的過渡已經完成了，男子才進於嚴格的一夫一妻制——自然，實只是專對女子的。

對偶家族發生於蒙昧與野蠻之間的境界上，大概是在蒙昧的上期，還有幾處是在野蠻的下期。這是在野蠻時代的典型的家族形態，正猶集團婚之於蒙昧，一夫一妻制之於文明一樣。牠在發達成爲確定的一夫一妻制之前，尚須有除上述諸種作用以外的原因。在對偶家族中，集團已經減縮到牠的最後的單位，僅由兩個原子而成的分子，即一男與一女。自然淘汰由於繼續不斷地限制婚姻共有的性交，已經完成了牠的目的。在這方面，自然淘汰再也沒有待做的事了。若不是有新的社會的原動力活動的話，便沒有理由應有一個新的家族形態從對偶家族中發展起來。但是這種種原動力竟是活動了。

我們現在且離開爲對偶家族之古典鄉土的美洲。說在美洲曾有較高度的家族形態發展過，說美洲在被發見及征服以前曾有確定的一夫一妻制在新世界的任何處所存在過，實在並無何等證迹可以容許這類結論。但在舊世界中就不如此。

在舊世界中，家畜的馴養與畜羣的繁殖已開闢了一種爲以前所未知的富源，且創造了全新的社會關係。到了野蠻時代的下期，固定的富差不多全由家屋，衣服，粗笨的裝飾品以及獲得并調理食物之工具，即最簡單樣式的舟，武器，家具來代表。食物本來必須是每天獲得新鮮的。但如今有了馬，駱駝，驢馬，牛，羊，山羊及豚的畜羣，這些新進的遊牧民族——住在印度的判查（Punjab）地方，恆河地方及比現在還更富於水利的奧克斯（Oxus）及查克薩提（Jaxartes）河岸之草原的雅利安人（Aryans）；住在幼發拉底及底格里斯流域的塞姆人（Semites）——已獲有許多財產，祇須加以最微細的注意與養育，就得繼續增長into繁殖種類，供給最豐富的肉與乳之營養。以前一切獲食的方法，如今皆祇好廢棄。從前絕對必需的打獵，今且變爲一種遊戲了。

但是這新的財富歸誰所有呢？無疑地，最初是屬於氏族。然對於畜羣的私有財產一定早已發生。所謂創始記之著者，長老亞伯拉罕（Father Abraham）之成爲他的畜羣所有者，究竟由於他做共產主義家族之長的特權，還是由於事實上世襲的一氏族之長的資格，正難斷言。惟我們必須不把他看作現代意味的財產所有者：這是可確信的。更有一點在初跨上成文歷史之國時，無論那裏都把畜群算爲家長的特有財產，正和野蠻時代的工藝製造品，如金屬器，奢侈品及最後人畜——奴隸完全一樣：也是確實的。

因在當時，奴隸制度也發明了。本來對於下期的野蠻人，奴隸是無用的東西。

所以美洲印第安人處置他們所征服的敵人之方法，與在較高階段的民族所行者全然不同。男子或者被殺，或者當作兄弟編入勝利者的部落中。女子或者結爲婚姻，否則偕了她們殘存的子女一起收容過來。在這個階段內，人類的勞動力尙未能產生比維持生活費更多的量。但自有了家畜，金屬工業，紡織，及最後的農業，變化就發生了。正猶以前容易到手的妻，現在有了一種交換價値須得購買一樣，勞動力到現在也是這樣地產生出來，特別當畜羣確乎成爲家族的私財以後。家族的增長並不如家畜一般的急速。故爲照料畜群計，必須有比前更多的人；因此就把所俘虜的敵人利用起來，而且他們同家畜一樣，還能繁殖。

這種的富，牠們一經成爲家族的私產，且急速地增加以後，就給建立於對偶婚及母權氏族上的社會以強有力的衝動。對偶婚對於家族本已提供一個新要素。卽在生身的母以外，牠又立了一個確實的生身的父，他也許比現代許多的『父』來得更確實可信。依據那時期家族內的分業，獲得食物及製造所必要的工具之責任，由男子担負；因之他占有了那些工具，當離婚時，如妻之保留家具一樣，他就帶那些工具以行。照當時的社會慣習，男子也是新的生存資料即家畜之所有者，後來便是新的勞動力即奴隸之所有者。但照同一的慣習，他的子女不能繼承他的財產，因有如下的理由：根據母權制，即血統單由母系追溯的期間，又照氏族原始的繼承的慣習，氏族的親族從死亡的氏族分子繼承他們的財產。這財產必須仍留在氏族中。因繼承物並沒有什麼重大的關係，在慣例上，或許已移於最近的氏族之親族即母方的血緣者之手。然死亡的男子之子女並不屬於父的氏族，而屬於他們的母之氏族。他們最初和母的別個血緣者共同繼承，到後來怕最先繼承。惟他們不能從父繼承，因他們不屬於他們的父之氏族，父的財產仍須留在他自已的氏族。所以，畜羣的所有者死亡以後，這畜羣將歸於他的兄弟，姊妹及他的姊妹之子女，或者歸於他母親的姊妹之子孫所有。他自已的子女是不繼承的。

這樣財富愈增加，男子在家族的地位也愈比女子重要；且利用這個強固的地位

第二章　家族

，爲他的子女的利益，以推翻傳統的繼承法則的欲望也發生。但在母權制繼續有效的時期，這個沒有實現。因此非先把母權制廢止不可，而母權制竟是廢止了。這却決不如我們今日所想到的那樣困難。因爲這一革命——人類所曾經驗過的最激烈的革命之一——並沒有須侵害氏族中任何一個活着的氏族員之必要。全體氏族員仍能照常過活。只要有一個簡單的決議，說從今以後，男子氏族員的子女應屬於氏族，女子氏族員的子女應該除外而轉屬於他們的父之氏族，就很夠了。這樣一來，由女系追溯血統及母方的繼承權即被廢止，而由男系追溯血統及父方的繼承權即告成立。至於這一革命，是怎樣的又在何時爲地球上諸民族所完成，我們毫無所知。這是完全屬於先史時代的。不過牠的已經完成，是特別可由巴荷芬所搜集的許多母權制的證迹作十二分的證明的。牠之如何容易成就，還可從許多的印第安部落中見之；在那裏，半由富的增長與生活樣式的改變（從森林移住到草原）之影響，半由文明及教士之道德的感化，這一革命最近方才通過，或者倘在進行。在八個密蘇里

(Missouri)部落中，六個有了父系血統及繼承，祇有二個還是女系的。在兮泥人(Shawnee)邁安密人(Miami)及德拉瓦人(Delaware)中，皆行將子女編入於男氏族的慣習，給子女取父的氏族所有的氏族名，藉得繼承之權。『人類的先天的詭辯癖，用改變名稱以改變事物，且常有直接的利益給以充分的衝動的地方，尚可以看出在傳統之內爲破壞傳統用的口實。』(馬克思)這就使得混亂更甚，却只有向父權制的過渡才得補救，且有一部分已得補救了。『這似是最自然的過渡。』(馬克思)至於這一過渡如何在舊世界的文化民族中完成，就比較法學家的意見言之——雖然祇是假說——可參照科瓦勒勿斯基的『家族及財產之起源與進化概編』(M. Kovalevsky, Tableau des origines et de L'evolution de la famille et de la propriété, Stockholm, 1890.)

母權制的顛覆是女性的世界史的失敗。男子在家庭中也握着支配權，女子已被賤視，被隸屬，成爲滿足男子欲望的工具與生產子女的機器。女子的這種卑下的地

第二章　家族

位，特如在希臘的英雄時代及其古典時代所公然表現的，却漸被美化，被假裝，甚或用更緩和的形態被粉飾。但無論如何決不被消除。

已經確立的男子獨裁的第一種作用，如今由正在生長的家長制家族（Patriarchal family）的中間形態中顯示出來。牠的最重要的特徵，並不是後面要講到的一夫多妻制，而是『一國的自由人及非自由人在家長的父權之下組成為一家族。在塞姆人的形態中，家長過一夫多妻制的生活，非自由人也有妻子，而整個組織的目的是在一定的地域中放牧畜羣。』牠的本質是非自由人的同化與父權。故這種家族形態的理想型式是羅馬的家族。家族（Familia）這一詞，本來並不含有由感傷性（Sentimentality）與家庭不睦所組成有如今日俗人所理想之意味。在羅馬人中間，當初連主要的夫妻及其子女都不相關，祇是應用於奴隸罷了。Famulus 意思是家內的奴隸，而 Familia 便是屬于一個男子的奴隸之總體。在給雅斯（Gajus）時代，『家族即父的遺產』（Familia, id est patrimonium）尙由遺言以傳授。這一語由羅馬人所發明，以期表現一種新的社會有機體，即在父權之下，家長有妻，子，及許多奴隸，且照羅馬法，有對他們的生殺與奪之權。『所以這一語並不比拉丁部落之武裝的家族制度來得早，那個家族制度是在農業及合法的奴隸制度發生之後，又在屬於雅利安人種的意大利人從希臘人分派之後發生的。馬克思附加着說：『近代的家族，因當開始時與農業有了關係，所以在胎種中，不惟包含奴隸制（Servitus），也包含農奴制。牠是具體而微地包含以後在社會及由社會所發生的國家中所更普遍發展的一切對立。』

這一種的家族形態，表示了由對偶婚到一夫一妻制的過渡。爲確保妻的貞操以及父系的穩固，故將女子完全引渡到男子的權力之下；夫之殺妻，祇不過行使他的權利罷了。

跟着家長制家族的發生，我們就進於成文歷史的領域，在這領域上，比較法學是能給我們以多大援助的。而且事實上，牠確於此引起很大的進步。今日在塞爾維

第二章　家　族

亞人(Serbians)及保加利亞人(Bulgarians)間，於Zadruga（友誼）與Bratstvo（同胞）名義之下，又在東方諸民族間，於多少變化的形態之下，尚可見到的那種家長制家屬共同體（Patriarchal household community），證明牠之成為由集團婚發生的母權家族與近代世界的一夫一妻家族間之過渡階段者，實是馬克西姆科瓦勒多斯基(Tableau etc, de la famille et de la propriete, Stockholm, 1890, P. 60-100)之功。這個至少在舊世界的文化民族，雅利安人及塞姆人間，似可以有確證的。

南斯拉夫的撒多格（Zadruga），供給此種家族共同體今尚存在的最好實例。牠包括一父所生的幾代子孫以及他們的妻，他們一起住在一處田地上，共同耕地，由共同的貯藏中以衣以食，且共同的占有收穫的盈餘。這一共同體由家長(Domacin)管理，他對外有代表團體之權，故得出賣細微的物品，掌管出納，並對出納及通常的事務經營雖有責任。他由大家選出，却不一定是最年長者。一般女子與她的工作由通常為家長之妻的主婦（Domacica）指揮。她當少女選夫的時期，還有重要的且常是最後決定的發言權。但最高的權力，在於由全部成年男女組成的集會，即家族會。家長對這個集會負責。集會決定重要的決議，行使對家人的裁判，以及重要物件尤其是土地等等的賣買。

證明在今日的俄羅斯也有這種家族共同體之存在，還不過是十年前的事。現在一般地承認牠是與 Obscina 或村落共同體同為深入於俄國的民族慣習上者。這可以在俄羅斯最古的法典即慈羅斯羅（Jaroslav）公之 Pravda 中見之，用與在達爾馬提亞(Dalmatian)法典中同樣的名義(Vervj)表現。且還可在波蘭及捷克的史料中攷證出來。

同樣，在日耳曼人間，照 Heussler(德意志的法律制度)看來，原始的經濟單位也不是近代意味的單一家族，而是包含幾個世代或許多單一家族，且更常有許多非自由人的『家族共同體』(Collective household)。羅馬的家族也可追溯到這種型式，因之家長的絕對權力以及別的家人對他之無權利，成為最近熱烈的爭論。同樣的

第二章　家族

家族共同體據說在愛爾蘭的克勒特（Celts）人間也曾存在過。在法國，這種形態用“parconneries”的名義，在泥味內（Nivernais）地方，一直保持到法國革命以前。而在法蘭斯孔德（Franche Comte），雖在今日尙未完全消滅。在路安（Louhans，即Saone et Loire）地方，我們見到巨大的農家，有公用的高到屋頂的中廳，四周是用六級至八級的梯子可以登上的寢室。屬於這一家的好幾代皆住於其中。

在印度，帶着共同耕作的家族共同體已在亞力山大大王的時代由泥阿卡斯（Nearchus）記述過，即在今日，尙在同地方，即判查（Panjab）及該國的西北部存在。在高加索，已由科瓦勒勿斯基自己認明過。

在阿爾加利亞（Algeria），仍在卡巴爾（Kabyles）人間存在。即在美洲，據說也曾有過。這與古代墨西哥之圖里塔（Zurita）所記的卡爾帕里“Calpullis”制度，有人說是一樣的。然在祕魯，庫諾（『海外』雜誌 Cunow, Ausland, 1890, No. 42-44）却很明晰地證明，即當祕魯的征服時代，有一種村落共產制度（很奇妙的稱村落共有地 Mark 爲 Marca），帶有耕地之定期的分配以及個別的耕作，曾經存在過。

無論如何，伴着共同的耕作及土地所有的家長制家族共同體，如今是有與以前迥不相同的意義的。我們對於牠在舊世界的文化民族及別的民族間，當由母權制家族過渡到單一家族時所盡重要的作用，早已不能懷疑。到了後面，我們將再說到科瓦勒勿斯基的如下的結論，即家長的家族共同體也是這樣的一個過渡階級，爲伴着個別耕作以及耕地與草地之最初爲定期的以後爲永遠的分配之村落共產體或馬可（Mark）共產體所由以發達的。

說到這種家屬共同體內部的家族生活，有必須注意之點，即至少在俄羅斯，家長常有對共同體的年輕女子，特別是他的媳婦（daughters-in-law）濫用他的地位，且把她們成爲自己的後房（Harem）之評判。俄羅斯的民歌對於這點是最有明顯的表示。

在說到因母權制之顛覆而急速發達的一夫一妻制之前，容我再就一夫多妻制與一妻多夫制說幾句話。這兩種婚姻形態，在不能在同一地域並行的限度內（這顯然不是事實），祇能算是例外，即所謂歷史的奢侈生產品而已。由一夫多妻制所排除的男子不能從由一妻多夫制所殘餘的女子身上獲得安慰，且以前男女之數，不管社會的制度如何差不多是相等，故欲使任何一種的婚姻形態獲得一般通行的特性，當然是不可能的。事實上一夫多妻制顯然是奴隸制度的產物，以某種例外的情形為限。在塞姆人的家長制家族，只有家長自身，至多也不過他的幾個兒子能過一夫多妻制的生活，其餘諸人必須以一妻為滿足。在一切東方諸國，今日尚屬如此。一夫多妻制是富人及貴族的特權，且大概由女奴隸的購入以實現。民眾的大部分是過一夫一妻制的生活的。在印度及西藏的一妻多夫制也同樣是個例外。牠之起源於集團婚，確乎有不少的興味，但尚需要更詳密的研究。然在實踐上，牠似乎比回教徒之富於嫉妒的後房制度（Harem）要更來得可容忍些。至少在印度的奈爾人（Nairs）間，的確是三四個或更多的男子共有一個女子；但他們每人可以和別的三數個男子共有第二個妻；照樣有第三個第四個以下的妻。馬克楞南竟未在這種婚姻俱樂部中，卽一個人可以在幾個俱樂部做會員，又爲他自己所記述的，發見『同樂婚姻』(Club marriage) 的新部門，實爲可異。但這個婚姻俱樂部制度，決不是眞正的一妻多夫制。却正相反，有如吉剌德條隆所已批評過的，是一種特殊化的集團婚形態。卽男子過一夫多妻制生活，女子過一妻多夫制生活。

四，一夫一妻制的家族(The Monogamous Family) 這已如上述，是當野蠻中期過渡到上期的時代由對偶家族發達的。牠的最後的勝利是正在開始的文明的一個標識。牠是建立於男子支配權之上，這種支配權的目的是在生育有無可爭的父系的子女。這種父的血統，爲了子女將來繼承他們的父親之財產，所以有牠的需要。一夫一妻制家族與對偶家族差異的地方，是在婚姻的約束更來得堅固持久，所以不能由雙方任意解除。通常，仍是只有男子得解除婚約，離棄他的妻。男子的通姦的特權也依然至少是由慣習而得保證（拿破崙法典顯然給男子以這種特權，祇要他們不帶情婦到他們的妻的家中）。社會愈發展，這種特權也愈盛行。如果女子記起了古代的性交習慣而企圖復活，她就要受到前所未曾有過的嚴酷的刑罰。

這一新的家族形態之一切嚴肅性，在希臘人間可以見到。神話上的女神的地位，如馬克思所指示，雖表示一個更早的時代，那時女子尚占有比較自由與受尊敬的地位，但當英雄時代，我們便見到女子是已因男子的優越的支配與奴隸的競爭而被貶抑。從奧德賽（Odysseia）中，就可讀到忒楞馬卡斯（Telemaches）是如何的侮辱他的母親。照荷馬講，被捕的年輕女子皆交給勝利者發洩性慾。首領們因他們地位之高，得選擇最美麗的俘虜。全部易利亞德（Iliad）便是出名的爲在阿溪里（Achill-es）與阿加綿農（Agamemnon）間以爭這樣的一個女奴隸做中心的。在荷馬書中表彰任何一個重要的英雄時，終要講到一個與他「共枕席」的俘虜少女。此等少女，也有被帶到英雄的故鄉及他的家中去的，如在伊士奇洛斯（Aeschylos）之阿加綿農帶去喀薩德賴（Kassandra）就是。由此等女奴隸所生的子女得接受小部分的父的遺產，且被認爲自由民。推喀綸斯（Teukros）便是這樣的一個私生兒，得襲用他的父親之名。妻被期待着容忍一切，但自身須遵守嚴格的貞操。雖然在英雄時代的希臘女子要比文明時代的更受尊敬，惟對於她的丈夫，她畢竟不過是他的嫡子之母，他的管理家政之長，以及他可任意成爲妾的女奴隸之監督而已。

便是這一種與一夫一妻制並行的奴隸制度，毫無限制而屬於主人的年輕美貌的女奴隸之存在，就從一夫一妻制開始的時期，給以一種特殊的性質，即所謂一夫一妻制者是專爲女子，却不是爲男子的。而且到了今日，這個特性還是存在。

對於後來的希臘人，我們必須於多利亞人（Dorians）與伊奧尼亞人（Iorians）有所區別。前者以斯巴達爲他們的古典的例子，在許多地方，倘有甚至比荷馬所描寫者還要古的婚姻慣習。在斯巴達有過對偶家族的形態，受當時的國家觀念而有所修正，在許多方面依然有着集團婚的形跡。不育子女的婚姻可以解除。阿那克山特力

第二章　家族

達斯王(Anaxandridas，在耶穌紀元前約六百五十年）於無子女的妻以外，易娶一妻，且分爲二家。同時代，阿里斯吞王（Ariston）於無子女的二妻以外，更娶第三個妻，又把以前二妻中之一人離去。還有，幾個兄弟可以共有一妻；一個愛友人之妻比愛自己之妻更甚的，可以與那個友人共有其妻；把一個妻委給有如俾士麥(Bismarck)所欲說的崛强的『種馬』(Stallion)所處分，卽使他並不是個自由市民也不被認爲猥褻的事情。在波盧塔克(Plutarch)的一節中，說到一個斯巴達婦人，把屢次想獻身給她的一個愛人，告訴給她的丈夫，這照蕭曼(Schoemann)看來，似乎是表示一種更大的性的自由。而眞的通姦，在夫之背後的妻的不貞，也不被注意。在他方面，斯巴達的家內奴隸制，至少當全盛時代，並無所知，所稱爲希洛（Helots)的農奴則住於散在的田園。因此對斯巴達人和別個女子性交的誘惑，比較的少。在這種情境之下，斯巴達女子要比其他希臘人的女子占更受人尊敬的地位者，自是當然的事。斯巴達女子與雅典藝妓（Hetaerae）實是惟一的希臘女子，如古人所尊稱，且認她們的言行為值得注意的。

但在以雅典而代表的伊奧尼亞人中間，情形全然不同。少女們祇學習紡織縫紝，至多也不過學些讀寫。他們實際上是被拘禁，只能與別個婦女有所交際。女子的房間是在樓上或在後宅，成為全家隔離的部分，男子尤其是陌生人不容易入內，要是有男子來訪，她們就要退避。女子沒有女奴隸作伴，不能離家外出。在家裏也嚴受監視。阿里斯多芬(Aristophanes)曾說及摩羅西安(Molossian)的犬，牠們是用以威嚇通姦者的。又至少在雅典各都市，用去勢者以防衛女子。即在希羅多德(Herodotus)時代，已有這些去勢者為出賣目的而生產，據華克斯莫德(Wachsmuth)說，還不是專賣給野蠻人的。在幼里披底(Euripides)之詩中，女子被名為奧伊庫來馬“Oikurema”這是表示供家政用的物件之一中性名詞，故女子除生育子女以外，她對於雅典人，不過是家婢之長，別無用處。男子雖有競技運動與公共集會，而女子皆被除外。此外，男子尚時時可有女奴隸供自己自由使用，當雅典全盛時代，又有大規模的至少受國家保護的賣淫事業。伊奧尼女子的惟一無二的藝妓制，正在這一賣淫的基礎上發達起來。如斯巴達女子之以人品見稱，她們却以才智及藝術的嗜好超越古代女性之普通的水準。然在做婦人之前，必須先當藝妓，實成爲對雅典家族之最峻酷的批判。

這個雅典的家族，因時代的進行，成爲一種模範，不特其餘的伊奧尼人要取法，卽全體在內地及在殖民地的希臘人也都逐漸模仿以構成他們的家族關係。但不管有種種的關閉與監視，希臘女子却找着可以欺瞞丈夫的充分的機會。而那以向他們的妻假裝任何的戀愛爲可恥的丈夫乃以藝妓爲對手，作出種種戀愛行爲以自慰。但侮辱女子的事情，卽在男子身上得到報復，且也給他們以侮辱，直至他們墮落到可厭忌的男色（Boy-love）。又依據廿尼美（Ganymedes）的神話，他們還侮辱神們和他們自己。

這就是一夫一妻制的起源，如我們於古代最有文化且發達到最高度的民族中可求得的。這決不是個人性愛的結果，且與牠是全無關係的，因婚姻依然還是以前因襲的婚姻。一夫一妻制是不基於自然的條件，而基於經濟的條件，即在私有財產對於原始的自然發生的共有財產而占勝利的基礎上所建立的最初之家族形態。在家族內的男子之支配與可以專成為他的後裔且命定為他的財產繼承人的子女的生產——這種種便是為希臘人所公言的一夫一妻制之惟一的目的。除此以外，這只是一種對他們的負担，一種不可不履行的對神，對國家及自身祖先的義務。在雅典，法律不僅强制婚姻，也且强制在男子一方面的所謂婚姻義務的最少限度之履行。

這樣看來，一夫一妻制決不是為和解夫婦而現於歷史，更不是當作最高的婚姻形態而出現的。反之，牠却是當作男性壓迫女性，當作為以前歷史所未知的兩性鬥爭之宣言而出現的。在一八四六年由馬克思和我所寫的一篇未刊的舊稿中，我發見如下的一節文字：『最初的分業是為生子女的男女間的分業。』而到現在我更得附加幾句：歷史上所表現最初的階級對抗是與一夫一妻制中男女的對抗之發展相一致的，而最初的階級壓迫是與由男性對女性的壓迫相一致的。一夫一妻制是一個偉大的歷史的進步。但同時因有奴隸制及私有財產制，牠便開闢了這樣的一個繼續到今日的時代，就是雖有如何的進步，却帶着相對的退步，且一個人的幸福與發展是靠別個人的苦惱與抑壓以成就的。牠是文明社會的細胞形態，我們得由此以研究在文明社會正在完全展開的對立與矛盾之性質。

但古代之比較的自由性交，決不因對偶婚或一夫一妻制之勝利而歸於消滅。『由於普那路安集團之逐漸的消滅而更縮小範圍的古婚姻制度，仍然包圍了正在發達中的家族，且延及於文明期的開始。……牠到最後終算沒入於雜婚制的新形態中，而這種雜婚制恰如掩蔽家族的暗影，到了文明期還在追蹤人類。』（摩爾根，『古代社會』，五〇四頁）

摩爾根所稱的雜婚制，是指男子在一夫一妻的家族以外，與未婚的女子發生性的關係而言，這種雜婚制有如世人所熟知，是在整個文明期內以種種形態而繁榮，且是逐漸趨於公開的賣淫的。這種雜婚制是直接由集團婚發生，由女子爲賺得貞操的權利因將身體作犧牲的貢獻而發生的。爲金錢而獻身，最初是一種宗教的行爲；這種行爲在愛之女神的神殿中舉行，所得的錢也歸於神殿的財產。在阿美尼亞的(Armenia)的阿那的司神(Anaitis)與在科林斯(Corinth)的阿富羅底神(Aphrodite)之巫女(Hierodulae)以及屬於印度神殿的宗教的舞女即所謂 bajaderes (由葡萄牙語的舞女"bailadera"一詞所引出)便是最初的娼妓。本來爲一切女子之義務的獻身，以後專由此等巫女代表其他女子來實行，在其他民族中，雜婚制是由容許與結婚前的少女可有性的自由而生——故也是集團婚的遺制，不過由他途以傳於今日而已。跟着各種財產關係的發生，在野蠻上期，工資勞動與奴隸制並着出現，同時當作必然的連帶物，自由女子的職業的賣淫也與女奴隸的強迫獻身一起發生。這樣集團婚所讓渡給文明的遺產，是與由二面的，表裏不一致的，分裂而對立的文明所產生者，這樣地爲二面的。即一面是一夫一妻制，他面是伴着所謂賣淫這樣極端形態

第二章　家族

的雜婚制。雜婚制也與別的一切制度一樣，同為一種社會的制度。牠繼續着古代性的自由——為男子的利益。實際上牠不但被容認而已，也且由支配階級一心一意地奉行着，不過在口頭上予以非難罷了。而這種非難，在實際上，也決不是對熱中於此的男子而發，還祇為了女子。為重行宣言男子對女子的絕對的支配是社會的基本法則起見，所以她們不能不被社會所驅逐所排斥。

然第二種的對立也即在一夫一妻制本身中發展起來。在以雜婚制娛樂自己生活的丈夫之旁，站着一個被拋棄的妻。正猶吃了半個蘋果之後不能復有整個的蘋果一樣，有了對立之一面也就不能不有其他的一面。雖然如此，當男子沒有被妻給以教訓之前，這在男子方面還以為是可能的。跟着一夫一妻制之發生，有兩種為以前所不知道的永久的社會人格出現：妻的常住的情人與姦婦之夫。男子雖已得到對女子的勝利，但榮冠還是由敗者泰然承受。在一夫一妻制與雜婚制之外，更加上一項姦通，成為不可免的社會制度——雖被禁止，嚴罰，但終不得壓伏。父子關係的確實性，依然祇不過依賴道德的信念，而爲解決不能和解的矛盾計，拿破崙法典特在三一二節中規定：“L'enfant conçu pendant le mariage a pour père le mari;”在婚姻期間懷胎的子女，屬於婚姻上的父——夫。這算是三千年來一夫一妻制最後的結果。

這樣，我們在一夫一妻的家族中，至少在那種正確地基於歷史的發生而顯然表明由男子的專制所引起的男女鬥爭之例子中，可以見到一般社會的對立與矛盾之縮圖。自文明期開始分裂爲階級的社會，終未能調解幷克服此種反抗。自然，我在這裏所說及的，祇是那種一夫一妻制的例子，即婚姻生活在實際上依然順從於全制度之原始的性質，而且妻對於夫的支配是反抗的。沒有誰能比日耳曼的俗物更知道淸楚：即一切婚姻並不都是走這樣的路。他不懂得怎樣把在家庭內的支配比在國家的更處理得好些，從而使他的妻得以操縱爲他所不應得的完全的權利。但他還自以爲比他的不幸的當遇着更惡劣之境遇的法國朋友要優越得多。

第二章　家族

又一夫一妻家族，決不是到處隨時以在希臘人間的那種古典的嚴酷的形態出現的。在當作未來的世界征服者具有比希臘人雖少一些精鍊但更銳利的見識的羅馬人間，女子就更多自由，且更受尊敬。羅馬人相信妻的婚姻上的貞操，儘可由他對于妻的生殺與奪之權力而得充分的保證。還有，女子同男子一樣，可以由自由意志解除婚姻。然在一夫一妻制發達上最大的進步，顯然是由于日耳曼人的加入歷史。恐怕因爲他們的貧窮，所以他們的一夫一妻制並未能完全超出了對偶家族。我們由塔西佗所舉的三種事實可以維護這個結論：第一，婚姻雖是非常神聖地舉行——『他們以一妻爲滿足，女子用貞操來防衛』——但一夫多妻制仍在貴族及部落之長間行使，與美洲印第安人所行的對偶婚情形相同。第二，由母權制到父權制的過渡僅能在很短的時期以前實行，因爲他的兄弟——依母權制是氏族中最近的男親族——還被認爲比生身的父差不多更來得近的親族，這也是與美洲印第安人的立場一致的。這一美洲印第安人的立場，照馬克思自己的證明，是供給他以一個了解日耳曼人原始歷史的鍵的。第三，日耳曼女子是很受人尊敬，且對於公共事務也有勢力的，故這一事實正與一夫一妻制的男子支配相反對。在這種種事情上看來，日耳曼人差不多與斯巴達人相一致，如我們所知，斯巴達人也是沒有完全克服對偶婚的。因此，在這一點上，一個全新的要素跟着日耳曼人繼續至於世界的支配。如今在羅馬世界的廢墟之上，從民族混合之中所發展起來的新的一夫一妻制，給男子的支配以更和緩的形態，而給女子以一個至少從表面看要比古典的古代更自由更受尊敬的地位。直到了這個時期，才開始從一夫一妻制——因情形的不同，或是在其中，或是與之並行，或是相反——有發展最高的道德進步之可能，由這種的道德進步才有爲以前一切時代所未知的近代之個人性愛。

這個進步顯然是由這樣的事實發生的，卽日耳曼人尚過着對偶婚的生活，且竭力使一夫一妻制接近適應於對偶婚的女子的地位。這決不是由於日耳曼人之傳說的異常純潔的自然性質而發生者。這些性質是限於這樣簡單的事實，卽對偶婚確不曾創立一夫一妻制之顯著的道德的對立。反之，日耳曼人，特別是在東南部與黑海岸之游牧民族相接觸的，在道德上非常墮落。除騎馬術之外，他們又從這些游牧民習得些異常不自然的惡德。這由阿密亞那斯（Ammianus）就退易發利人（Thaifali）與普洛哥布（Prokop）就赫留來人（Heruli）有明顯的證明。

雖然一夫一妻制是近代的性愛所由發展的一切為我們所知之家族形態中之惟一形態，但這並不說是個人性愛完全地或主要地當作夫婦相互之愛而發展。在男子支配下的嚴格一夫一妻制的本性却是排除這個的。在一切歷史上能動的即支配的階級中間，婚姻依然是那種由對偶婚當時就如此的形態——一種因襲的由父母安排的事情。而當作熱情，當作每個人的品性（至少是支配階級的），當作性的衝動之最高形態的特徵——像這樣最先在歷史上表現的性愛之形態，是中世紀武士的戀愛，決不是婚姻上的戀愛，却正相反對。在牠的古典的形態，在普羅溫斯（Provencals）人中間，牠是帶着滿帆的風向通姦突進，而他們的詩人且加以讚美。為普羅溫斯戀詩之精華的Albas（朝之歌——譯者），就用着光耀的色彩，描寫武士是如何的與他的心愛者——他人之妻——同睡，侍者站在窗外，一見晨曦（Alba）初上，馬上喚醒他，讓他得安然逃走，不被人知覺。詩的最高潮，便在敍述離別的情景。同樣，北部法蘭西人及正直的日耳曼人也採用這種詩風與適應于此的武士的戀愛式樣。老烏弗蘭豐厄申巴哈（Wolfram von Eschenbach）曾留給我們講到這個問題的三首奇美的『朝之歌』（Day songs），我之喜歡這些歌，比喜歡他的三篇英雄詩還要已甚。

今日市民的結婚是有二種。在天主教諸國，父母依然照向例爲兒子選擇合當的配偶，其自然的結果便是一夫一妻制所固有的矛盾之充分的發展：在男子方面是耽溺的雜婚，在女子方面是耽溺的通姦。天主教會之禁止離婚，怕即爲了對于通姦和對於死是同爲不可救藥的理由。反之，在新教諸國，通常市民的兒子在選妻上多少有點自由。所以這時候，某程度的戀愛可以成爲這種婚姻的基礎，且應于新教的僞善，爲體面計，這還是常作前提的。因此，男子的雜婚爲之稍減，女子的通姦也不那樣通行。然在無論何種婚姻形態之下，人終不脫結婚以前的性質，且新教諸國的市民又大都是俗物者流，所以這種新教的一夫一妻制，即使拿最好的例子來看，也不過使夫妻感到號稱家庭幸福的鉛樣的倦怠罷了。這兩種結婚方法之最好的反映鏡是小說，法蘭西的小說是講天主教的，日耳曼的小說是講新教的。在這兩種小說之中，都是『彼此有所獲』，在日耳曼小說是青年得少女；在法蘭西小說是夫得通姦之妻。這兩種中以那一種爲更不幸，常常是難以說定的。因此，法蘭西布爾喬(bourgeois)之嫌忌日耳曼小說的倦怠，正和日耳曼俗物之嫌忌法蘭西小說的『不道德』相同。最近，自柏林成爲世界的都市以來，日耳曼的小說也開始不大敢描寫那在許久以前成爲該地常事的雜婚與通姦了。

在這兩種結婚方法中，結婚皆受當事者階級的地位之影響，而在這一點上，還依然常是因襲的。這種因襲婚姻的結果，便很足以變形爲最顯著的賣淫——有時是雙方的，但以女子方面爲更普通。她與平常娼婦不同之點，在於她不像商品，每一度以得金錢而出賣肉體，却是當作奴隸而永遠出賣的。傅立葉（Fourier）論一切因襲婚姻的話是很對的：『如在文法上，兩個否定成爲一個肯定，在婚姻倫理上，二種賣淫也可認爲一種德行。』男子對于妻的關係上的性愛，僅在被壓迫階級中間，在今日的無產階級中間，成爲也得成爲眞實的規則——至于這種關係是否得到公認，則可不論。

這裏，一切古典的一夫一妻制的基礎已被廢除。一切財產，即專爲了牠的保護與承繼，使一夫一妻制與男子的支配有以確立的，皆不存在。從而一切使這個男子支配可以實現的動機也是沒有。不唯如此，即牠的手段也屬不見。保護男子支配的民法，僅能應用於財產所有階級及他們與無產階級的交涉上。要適用民法是需金錢的，勞動者因爲貧乏，所以民法在他對于妻的關係上就無意義。在這時候，全然各別的個人的及社會的關係能有效力。最後，自大工業發達，把婦女從家庭移到勞動市場及工廠以來，在無產者家庭中男子支配的最後遺物，便失去了牠的根據——或

第二章　家　族

者自一夫一妻制施行以來所廣行的對女子的虐待，尙有一部分殘留着。這樣，無產者的家族，即使夫婦具有最熱烈的愛及最可靠的貞操，又不管有任何種宗教的及世俗的制裁，再也不復是嚴格的一夫一妻制了。是故爲一夫一妻制永遠伴侶的雜婚與通姦，在這裏也只有極不重要的作用。女子在事實上已回復了離婚的權利，假使夫婦不能和好的話，他們甯願分離。要之，無產者的結婚，不過是語源意味上的一夫一妻制，可決不是歷史意味上的。

的確，我們的法律家是主張立法的進步，愈益減少了女子方面可訴不平的理由的。因近代的民法制度，第一承認爲使婚姻合法，婚姻必須是一種根於兩造自由意志的契約；第二承認在婚姻期內，兩造的關係當立於平等的權利義務之上。故他們主張這兩種要求如果合理地實現，那麼女子就可以有她們所得要求的一切。

這個純法律家的主張，正與急進的共和主義的資本家當愚弄無產者時所用的論法，恰巧相同。勞動契約據說是根據兩造的自由意志而成的。但這是當法律把兩造放在紙面上的平等地位時，被認爲自由意志的。由階級區別所給于一方的權力，又由此加于他方的壓迫，——兩者眞實的經濟的地位——這一切是並不與法律相關。再當勞動契約繼續期間，只要一方沒有明白拋棄他的權利，兩造是算作有同等權利的。那經濟的事情逼迫勞動者甚至不得不拋棄最後的外觀上的平等，也不與法律相關。

至于婚姻，即最進步的法律也只要當事人已經在形式上宣布了他們的自願以後，便算十分滿足。在現實生活進行之處，在法律背景後面有什麼在活動。還有他們的自由意志是如何現出，這些都不關于法律及法律家的事情。但就是最簡單的法律之比較研究，也將使法律家看淸這種的自由意志究是什麼意思。在法律上保證子女可得親的財產，從而不能不繼承的各國——在日耳曼及其他用法國法的諸國——子女的婚姻是必須經父母的同意的。在用英吉利法的諸國，那邊父母的同意是並不算結婚的法律要件的，故父母對于傳授遺產給誰自有完全的自由，且得任意剝奪子女的承繼權。因此可以明白：在有何種財產遺傳的階級間，結婚的自由在英國與美國，並不比在法國與德國大過絲毫。

在婚姻上男女之法律的平等，沒有比這更好的了。從以前社會階段所承受的男女之法律的不平等並不是女子受經濟壓迫的原因，而是牠的結果。在包含許多夫婦和他們子女的古代共產主義的家屬中，將家政委託給女子處理，這與男子的生產食物同爲一種公共的職能一種社會所必需的產業。在家長制的，又在一夫一妻制的家族中，這種狀態就改變了。家政的處理失其公共的性質。這不復成爲社會的事業。這只成爲一種私的服務。女子變爲最初的家庭服役者，不得參與社會的生產。祇有因現代的大產業，對于女子——但僅限於無產階級的女子——開闢了再接近社會生產的路。然這是在這種樣的情形下成就的，即她們如果在家庭中盡私的服務，依然不能參加公的生產，不能有什麼收入；或者如果她們願意參加公共生產，獨立生活，那麼就不能盡家內的義務。故在女子，她們從事於一切職業部門一直上至醫生及律師，也與在工廠中的狀態一樣。近代的一夫一妻制家族是建立於女子之公然的或假裝的家庭奴隸制之上，而近代的社會是以純粹的一夫一妻制家族爲分子所構成的一個集團（Masse）。在大多數情形上，男子須得謀生，贍養他的家族，至少在所有階級是如此。因此他便獲得一個無需有法律上特別權利的優越地位。在家族中，他便是資本家，妻則代表無產者。然在產業世界上，僅有當資本家階級的一切特殊權利廢止了，兩階級在法律上的完全平權確立了之後，才見那加於無產階級的經濟壓迫之特性，以最尖銳的形態表現出來。一個民主主義的共和國並不廢棄兩階級間的對立；反之，牠却供給使這個對立可以作戰的地盤。同樣，在近代家族中男子對女子之支配的特性，以及使兩者社會地位眞實平等的必然性與方法，要在兩者能享有法律上完全的平等權時，才在光天化日之下映射出來。那時可以看出女子解放的第一條件是在女性全體之重行參加公共的產業。爲要達到這個地步，便非把當作社會經濟單位的一夫一妻家族之性質除去不可。

第二章　家　族

這樣，我們研究過三種主要的家族形態，大體是與人類進化之三個主要階段相適應的。卽在蒙昧的集團婚，在野蠻的對偶婚，在文明的由通姦與賣淫所補充的一夫一妻制。在對偶婚與一夫一夫妻之間，當野蠻的上期，有男子對女奴隸的支配與一夫多妻制夾在裏邊。

＊　＊　＊　＊

如以上的全部論述所證明，在這一系列的現象上所呈現的進步，是與集團婚時代之性的自由，逐漸從女子方面剝奪却不從男子方面剝奪的特徵是相關聯的。而實際在男子方面的集團婚，至今日還在繼續。凡對女子認爲犯罪因以惹起法律上及社會上重大的結果的，對男子反視爲榮耀，卽算是最壞的時期，也不過當作道德上的小小過惡而安然容忍之。但自古相傳的雜婚制在今日因資本主義的商品生產而愈受變化，且愈與之相適應，則雜婚制也愈無形爲露骨的賣淫，牠的作用也愈趨於頹廢。而且牠使男子頹廢比女子還要厲害得多。賣淫並不使全體女性墮落，祇有做了牠的犧牲底一部分不幸女子，而其程度還不若被一般人所想像之已甚。可是牠把全部男子的人格，老實墮落了。特別是一種長期的訂婚狀態，十中之九，是一個完全的致以婚姻上不道德的預備學校。

現在我們且來研究一個社會的革命，這時期，一夫一妻制的經濟基礎將與爲牠的補充物底賣淫之經濟基礎，同歸於消滅。一夫一妻制是由把大富集中於一人之手——是男子的手，及把牠專傳給這一男子的子女而絕不傳給他人的欲望所發生的。還却使女子方面有一夫一妻制之必要，可不是男子方面的。因此，這個女子的一夫一妻制決不致妨礙男子之公開的或秘密的一夫多妻制。然未來的社會革命，因爲至少要把永遠底可遺傳的富——生產手段——之無限大的部分轉化爲社會的財產，故將把這種財產繼承上的顧慮減少至最少限度。既然一夫一妻制是由經濟的原因發生的，那麼當這種原因消滅的時候，牠不是也要消滅嗎？

一個人可以有理由地回答：牠不僅不消滅而已，反將充分實現。因爲把生產手段轉化爲社會的財產，同時工資勞動，沒有無產階級以及女子的一定數——統計上可以算得出的——爲金錢而獻身的必要，都要歸於消滅。賣淫消滅了，一夫一妻制不是沒落，將終成爲現實——對於男子也復如此。

要之，男子的狀態確要大變。然女子的，一切女子的狀態也將受着顯著的轉變。跟着生產手段之轉化爲社會的財產，一夫一妻制也不復成爲社會的經濟單位。私的家政變爲一種社會的產業。子女的教養成爲一種公共的事務。社會對於一切兒童，無論是合法的或是私生的，都平等地養護。這使得現在成爲本質的社會因素的——道德的及經濟的——阻止一個女子無條件地委身於所愛的男子的，那種對於『結果』（Consequences）之顧慮，可以除去。這難道不成爲充分的理由，可以使更不受傳統束縛的性交與對於處女的名譽及女性的羞恥之更寬大的輿論，逐漸發生嗎？最後，我們豈不見在近代世界中，一夫一妻制與賣淫，雖是對立的，但是成爲不容分離的對立，且爲同一社會狀態的兩極嗎？若不同時把一夫一妻制沉沒，賣淫能消滅嗎？

這裏有一個新的要素，當一夫一妻制發達時還不過存於萌芽中的要素，即個人的性愛，開始發生作用。

在中世紀以前，個人的性愛尙未成爲問題。自然，個人的美貌，親切的交情，融洽的旨趣等等之喚起異性者間性交的欲望，以及和誰進於這種最親密的關係中，無論對男子或是對女子都不是全無關係的：這原是無待多言的事。然而這與今日的性愛尙相距甚遠。古代的一切婚姻皆由父母替當事人安排，當事人就完全順從。古代人所僅知道的夫婦愛，並不是主觀的愛情，而是客觀的義務；不是結婚的原因，而是結婚的附加物。近代意味的戀愛關係，在古時代，僅能在公的社會的外部發現。那由提奥克立塔(Theocrits)與摩斯卡斯(Moschus)歌詠他們在戀愛上的喜與憂之牧人，有如琅哥斯(Longos)的達夫尼斯(Daphnis)與克魯依(Chloe)，都是純粹的奴隸，在國家即自由市民的日常生活上一點也不得參與的人。除奴隸以外，我

第二章　家族

們所得看到的戀愛行爲，僅爲當作正在沒落途中的舊世界之頹廢的產物。他們的對象是也站在公的社會以外的女子，卽爲外國人或爲被解放的奴隸的藝妓：例如在雅典，是從牠沒落的開始，在羅馬是在帝政時代。倘若戀愛行爲眞在自由的市民男女之間發現，這祇有在於通姦的狀態。而在爲古代典型的戀愛詩人的老亞納喀瑯（Anakreon）看來，現代意味的性愛是這樣的不重要，所以他對於被愛者的性別也是一點不關心的。

今日的性愛與古代人單純的性的欲望卽所謂伊羅（Eros）者，在本質上有差別。第一，這是以互愛爲前提的。在這點上，女子與男子同等；然在古代的伊羅，女子的同意是決不需要的。第二，現代的性愛具有某程度的熱烈性與持久性，故在雙方的眼中，皆視不能得到對手以及與對手分離爲一件大的，雖不是最大的，不幸。爲互相占有起見，他們敢冒任何種的危難，雖至犧牲生命也所不惜，而這種事情在古時代是僅能于通姦之際聽到的。最後，批判性交的一種新的道德標準發生。我們不僅問：『是嫡出的還是私生的？』而且問：『是不是由相互的戀愛生出的？』自然，這個新的標準，在封建的及市民的實踐上，並不比其他一切道德標準更受重視——這只有被漠視能了。不過也不見得特別輕視。他與別的標準能受同等程度的承認——在理論上，紙面上。而我們現在所得期待的也只好止於此。

古代對於性愛所欲阻止其突進的，到中世紀又復出發：就是通姦。我們已敍述過那創造『朝之歌』的武士們的戀愛。從這種企圖破壞婚姻束縛的戀愛到必須建設婚姻的戀愛，其間有很遠的距離，爲武士們所從未完全通過的。我們卽使由輕薄的羅馬民族轉看莊重的日耳曼人，也可於『尼柏隆根之歌』(Nibelungen)中發見如下的事實。卽克里姆喜特(Kriembild)之心愛栖格夫里(Siegfried)，並不亞於栖格夫里之愛她；而且當君特(Gunther)宣布他已立誓將她許給一個武士——他沒有說出名字——結婚時，她簡單地囘答道：『你是無須徵求我的同意的；我於你所要求的，無論何時都可遵命；哪一位，你先生，要選做我的丈夫，我將欣然答應這個婚約。』

第二章　家族

這樣，她的戀愛在此應該有所考慮的事情，是全不爲她所想及的。君特向布綸喜德(Brunhild)求婚，厄策爾(Etzel)向克里姆喜特求婚，都是一回也不曾見過面的。同樣，愛爾蘭的谷德隆息澤柏特(Gutrun Sigebant)之向諾威的烏德(Ute)求婚，赫澤林根(Hegelingen)的赫德爾(Hetel)之向愛爾蘭的喜爾達(Hilda)求婚，也復如此。最後當摩爾蘭(Morland)的栖格夫里，奧拉尼安(Oranien)的哈德摩特(Hartmut)及西蘭(Sealand)的赫味喜(Herwig)向谷德隆(Gutrun)要求結婚時，才第一次看見後者的女子由自由意志決選最後的一位武士爲夫。通例，年輕公子的新娘是由父母選擇的。祇有當兩親已不在世的時候，他可以得大封建主的勸告自選新娘，大封建主在這種事情上是有決定的發言權的。除此以外，再也沒有別法。無論對於武士及領主(baron)，或對於王侯，結婚都只是一種政治的行爲，一個由新的同盟以增進勢力的機會。決定的要件是一家的利害，而不是個人的任情。在這種情勢之下，戀愛怎能獲得一個得最後決定結婚問題的機會呢？

對於中世紀都市的市民，即基爾特會員，也復同樣。保護他們的特權，基爾特的規約，法律上或由別個基爾特，或由他們的職工及學徒以區別他們的瑣細的境界，這種種已經使得選擇適當配偶的範圍十分狹隘。故在此種複雜的制度之下，決定那個女子爲最適當的問題者，絕對不是由於個人的好惡，而是由於家族的利害。

這樣，結婚的契約，到了中世紀之終，差不多普通一般的例子，依然是保留與開始時同樣的狀態：即不由最有關係的當事者來決定。最初，人從誕生的時候即已結了婚——與異性的全集團結婚。在集團婚之後的形態，僅僅集團漸趨於狹小，而類似的關係恐怕還在保存。在對偶婚，通常是由母親決定子女的婚姻。這裏對於增强年輕夫婦在氏族及種族中地位的新的親族關係，也很予以顧慮。以後到了私有財產比共同財產占有優勢，繼承的利害關係着重，同時父權制及一夫一妻制握得支配，於是結婚才更爲經濟的顧慮所左右。買賣婚的形色雖歸消滅，但其實體更加强烈，以致不僅女子，即在男子也有一個定價——不照個人的性質，而照他的財產。

說結婚的當事者應以相互的愛情爲最高因素的事情，在支配階級的實踐上，是一直未經聽到過的。這樣的事情，至多不過在傳奇上，或者——在不值得注意的被壓迫階級間發現能了。

這就是資本主義的生產，是當地理的發見時代以來，將由世界貿易及製造以支配世界時所遇見的狀態。有的人將以爲這種結婚的樣式當受資本主義的極端歡迎，事實上確也如此。但是——運命的奇數是不可知的——資本主義的生產不能不給這一結婚的樣式以最後的結果。牠因把一切事物變成商品，就崩壞了一切舊來的因襲關係，用賣買的『自由契約』去代替傳統的慣習，歷史的權利。於是英國的法學家緬恩(H. S. Maine)，當他說我們所勝過以前時代的全體進步是在於由身分到了契約，(from status to contract)由承襲的狀態到了自由意志的契約狀態時，便自以爲已成就了一個偉大的發見。但這在正確的範圍內，固已於共產黨宣言中說及了。

然而爲要結契約，人們必須有對於人身，行爲及財產的完全自由，且必須立在相互平等的權利之上。這些『自由』而且『平等』的人們的創造，正是資本主義生產的主要職能之一。這雖是最初不過在半意識的，並套上宗教假面具的樣式內行使；但自路德(Luther)及卡爾文(Calvin)的宗教改革以來，已有這樣的命題確立起來，那一個人祇有當一切行動起於完全的自由意志時，才有對這些行動的完全責任；而且對於不道德行爲的一切強迫予以反抗，也被認爲道德的義務。然這與流行的結婚行爲有多少一致呢？婚姻據市民的見解，是一種契約，一種法律行爲，且因牠是決定兩個人終身的肉體及精神上的禍福，所以又是一切事情中的最最重大者。故在當時，婚約在形式上確由自由意志以締結；沒有當事者的同意，是不行的。但人人對於如何獲得這個同意，又有誰可爲實際上的結婚者，是非常明白的。但別的契約都要求決定的完全自由，何以這件事情却不如此呢？這兩個將要成爲配偶的青年，沒有可以自由處分他們自己，他們的身體以及身體的諸器官的權利嗎？不是性愛已由武士而成爲慣習，且不是對於武士的通姦之愛，而夫婦之愛已成爲正當的市民的性愛形態嗎？又若互愛成爲夫婦的義務，那麽只有相愛者互相結婚而不與另外人結婚，不是也一樣成爲愛人的義務嗎？不是愛人的權利高出於父母的，親族的，以及其他習俗的婚姻掮客與媒妁的權利嗎？如果自由的個人探討的權利可以無拘束地深入於敎會及宗敎的領域上，那麽同一權利怎能容忍得住欲處分後一世代的身體，精神，財產，及幸不幸的那個前一世代的難堪的要求呢？

這些疑問，當一切舊社會的約束弛緩，一切傳統的觀念動搖的時期，必須提了出來。世界的範圍在一刹那間差不多增大了十倍。現在展開在歐羅巴人的眼前的，不復是一半球的四半分（Quadrant），而是整個的地球，而他們急於要占有其他七個的四半分。正像舊的狹隘的對婚姻之障礙物一樣，千年來中世紀傳統的思想式樣之障礙也崩壞了。在人類的眼前，無論是內的，是外的，有無限擴大的視野展開了。在爲墨西哥及波多西（Potosi）的金礦銀礦所引誘的靑年男子看來，溫文的禮貌還値什麽，卽幾世代所繼承的有名譽的基爾特特權又値什麽呢？

這是布爾喬亞汜（bourgeoisie）的武士巡遊時代。牠雖有牠自己的浪漫史與戀愛夢，但是立在布爾喬的立場上，且結局是具有布爾喬的目的的。

如此，新興的布爾喬亞汜，尤其是在舊有制度最受動搖的新教諸國的布爾喬亞汜，也更加承認對婚姻契約締結的自由，且以上述的樣式來實行。婚姻雖依然是階級的婚姻，但在階級的內部已容許當事者以某程度的選擇自由。而且在紙上，在道德理論及詩的敍述上，承認不基於相互性愛及夫妻完全自由結合的婚姻皆爲不道德的觀念，比任何其他觀念更要不可動搖地確立起來。要之，戀愛結婚已被宣言爲一種人權，不祇是Droit de l'homme（男子的權利），也且一度是Droit de femme（女子的權利）了。

但是這種人權，在一點上，是與其他一切所謂人權有不同的。所謂其他人權，雖然在實際上，依然是支配階級卽布爾喬亞汜的特權，對於被壓迫階級卽普維列搭利亞特是直接或間接地被侵害的；但就在這方面，歷史的不思議的命運也復現出。

支配階級依然受支配於大家所熟知的經濟影響，故僅在例外的時候，才表示自由選擇的婚姻。但在被壓迫階級中，戀愛結婚却是通例，有如我們所曾述過的。

因此婚姻的完全自由，僅能由資本主義的生產與由牠所創出的財產關係之廢止，把今日尚有力量足以左右配偶者選擇的一切經濟顧慮除去以後，才得通行。到那時候，除相互的愛好之外，再也沒有別的動機存在了。

性愛在牠的本質上既是排他的——這個排他性，今日雖僅實現的女子——故基於性愛的婚姻，一定是一夫一妻制的。我們已經見到巴苛芬視由集團婚到一夫一妻制的進步，大半是女子的工作，實是很對。祇是由對偶婚到一夫一妻制的進行，却崇男子之力。這種進行，從歷史方面看來，含有使女子的地位頹落，使男子的不忠實更多機會之意味。如果除去了那現在强制女子屈服於男子之習慣的不忠實之經濟的顧慮，那就使女子站在與男子平等的地位上。據一切現在的經驗，可以證明這一地位之足使男子趨於眞正一夫一妻的方向，實比使女子傾於多夫的方向，爲有更強大的作用。

但那種因由財產關係的起源而深印在一夫一妻制面上之特性，卽男子的優越支配與離婚的禁止，將決然消滅。因爲婚姻上男子的優越支配祇不過他的經濟的優越之結果，故將隨後者的廢止而歸於消失。

離婚的禁止，一面是使一夫一妻制發生的經濟情形之結果，他面是從這種經濟情況與一夫一妻制間的關聯尙未清楚理解而被宗教所極端誇張的時代以來之傳統。到了今日，却已大受破壞了。如果只有根據愛情的婚姻是道德的，那麼祇要戀愛繼續的婚姻，一定是道德的。個人性愛發作的持久程度，視各人的性情，特別是在男子方面的，而大有不同。當愛好眞的停頓了，或由新的情熱的戀愛而被替換了，那時候的離婚，無論對於雙方，對於社會，都是幸福。而人們也得免去離婚訴訟等無用的手續。

在未來的資本主義的生產廢止以後，對於兩性關係的秩序上，我們所得推想的，大概是屬於消極的性質，且大都限於要消滅的要素。但有什麼可以附加的呢？這當在新的世代成長之後可以決定——那個世代是：男子的一生，從未遇到須用金錢或其他經濟的權力以買得女子的委身之時機；女子從未遇到爲了戀愛以外的任何理由而委身於男子，或者爲對於經濟的結果之恐懼而拒絕委身給她們的愛人之時機。這樣的人們一經出現在世界上，那麼對於我們今日所信爲當做的事，他們將一點也不勞心。他們自會奉行他們自己的習慣，形成他們自己的對于各個人實踐的輿論——就只有這樣，沒有別的了。

且容我們回到相離甚遠的摩爾根。在文明期中所發達的社會制度之歷史的研究，超過了他的著書的範圍。所以就這期中一夫一妻制的變遷，他說的異常簡單。他于一夫一妻家族的發展中也看出一種進步，一種行向兩性完全平等的接近；但他沒有想到這一目標之終于充分實現。他說：『若是家族已依次經過四種形態，而現在在于第五種形態中之事實被承認的話，那麼這一形態將來是否永遠存在的疑問，就要立刻發生。唯一可能的回答是：牠也與在過去所作爲者相同，一定要隨社會的進步而進步，隨社會的改變而改變。這是社會制度的生成物，故將反映他的文化程度。一夫一妻的家族，從文明開始以來，已經大有改進，尤以在近代爲最顯著，故我們至少可以這樣推測：牠仍有更向前發展之可能，直至實現兩性的平等。然要是在遼遠的將來，一夫一妻的家族不能適應社會的要求，負起文明繼續進步的責任時，牠的繼起者果具有如何的性質，却難預言。」

第三章 易洛魁人之氏族 (The Iroquois Gens)

我們現在來講摩爾根的另一發見，那至少是與由親族制度的原始家族形態之改造同一重要的。這便是如下的論證：在北美洲印第安人部落內，由動物的名稱命名的血族團體，在本質上是與希臘人的genea及羅馬人的gentes同一物的；美洲的形態是原始的形態，希臘羅馬的形態是後來從牠派生的；原始時代希臘人及羅馬的氏族，大氏族(phratry)及部落(tribe)的全社會組織是可於美洲印第安人的組織中見其精密的符合的；氏族是在文明期以前為一般野蠻人所共通的制度——至少就我們現在所得的資料而言。這個論證，已於一剎那間把希臘羅馬最古歷史上最難解的部分闡明了。同時牠給我們關於在原始時代——國家形成以前——社會組織的根本輪廓上所未預料的解說。在我們一旦知道了之後，雖覺得事情是這樣簡單，但這仍是由摩爾根到近來才發見的。在一八七一年的他的著書中，他還未曾發見這個祕

第三章　易洛魁人之氏族

密。自這個祕密公開以來，暫時之間，使得往常那樣自信過強的英國原始歷史家們完全沈默下去。

爲摩爾根所常用以指說這種血族團體之拉丁語gens，是與同意義的希臘語genos，一樣，由意爲生殖的雅利安(Aryan)語之共通語根gan傳來的。Gens，genos 梵語(Sanskrit)之dschanas，哥德(Gothic)語之kuni，古代諾威(Norse)及盎格爾撒克森(Anglesaxon)語之kyn，英語之kin，中部高地日耳曼語之kunne，皆爲血統後裔之意。然拉丁語之gens，希臘語之genos，雖是特別指說那種以共通的血統（由一個共通的祖先的）相誇，且因某種社會的宗教的制度而結成一個特殊共同體之血族團體，但牠的發生與性質，仍爲我們一切歷史家所未解。

另外當說普那路安家族時，我們已知道在原始形態的氏族是怎樣地構成。牠是這樣的一切個人構成的，即：他們由于普那路安的婚姻，且順應于在這種婚姻中由所必然發生的觀念，被認爲那個氏族之創造人的某一始祖母的子孫。因在此種家族形態中，父性是不確定的，故只有女系認爲正確有效。又因爲兄弟不得與自己姊妹結婚，僅許與異血統的女子結婚，故由此等遠緣女子所生的子女，照母權制，並不屬於氏族。因此祇有各世代的女兒的子孫留在同一血族團體之內。而兒子的子孫皆移於各自的母的氏族中。這樣，當這種血緣集團，自成爲一特殊的集團，與在同一部落內的類似的集團相對立時，其結果將怎樣呢？

摩爾根選出易洛魁人的，特別是塞奈卡(Seneca)部落的氏族形態，當作這種原始氏族之古典的形態。這個部落有八種氏族，皆取動物名以爲名：(一)狼，(二)熊，(三)龜，(四)海狸(Beaver)，(五)鹿，(六)鷸(Snipe)，(七)蒼鷺，(Heron)，(八)鷹。在各個氏族之中，奉行下列的慣習：

一，他們選出氏族的酋長(sachem，和平時期的元首)與氏族的首領(chief，戰爭時的軍長)。酋長必須從氏族內選出，他的職位在某種意義上是世襲的。但一有缺位，必須立刻補充。戰時的首領得由氏族外選出，他的職位有時儘可暫缺。酋長的兒子決不能繼承他的父親做酋長，因易洛魁人奉行母權制，從而兒子是屬于別個氏族的。惟有兄弟二姊妹的兒子得常被選爲繼承者。選舉時，男女皆有投票權，然選舉須得其餘的七個氏族的承認，然後被選爲酋長者才得奉全易洛魁同盟的共同協議會之命，正式就任。這一事件的意義，以後再來說明。酋長在氏族內的權力，是一種家長的，純粹道德的性質。他沒有何等强制的手段。他在職務上，又是塞奈卡族部落協議會與全易洛魁人同盟協議會的會員。軍長僅在作戰時有發令權。

二，氏族得任意罷免酋長及軍長。這也是由男女聯合舉行的。被罷免者與其他一般人一樣，被看作單純的戰士與私人。又部落協議會也得罷免酋長，即使是反于部落的意志。

三，任何人不許在氏族內通婚。這是氏族的根本原則，爲維繫氏族的約束，這是極積極的血緣關係之消極的表現，由於這種血緣，是使屬于牠的各個人成爲一個氏族的。因這一單純事實的發見，摩爾根才得闡明氏族的性質。以前的人是如何的不了解氏族，可由以前對蒙昧人及野蠻人的報告證明，在此等報告中，凡構成氏族制度的諸團體皆無理解無差別地混稱爲部落，氏族，宗族（thum）等等。有時說到在這些團體內的結婚是被禁止的。這便引起了不可救藥的混亂，馬克楞南就從這個混亂中當作拿破崙挺身而出，且用如下的命令設定秩序：一切部落分爲禁止在部落內結婚的（族外婚）與許可結婚的（族內婚）二種。這樣他把問題弄成根本的紛糾之後，便埋首於深沈的考慮中，來研究在這無稽的兩類——族外婚與族內婚——中，以那一種爲較古。到了發見氏族是基於血緣關係與由此而生的成員間之結婚禁止，這一無常識的說法才自然歸于消滅。現在在我們所見的易洛魁人的階段中，嚴格地奉行氏族內的結婚禁令，自是當然的事。

四，死亡者的財產歸于其餘的氏族員所有；牠必須依然保留在氏族中。易洛魁人所能遺留之物因爲不是怎樣重大的，故凡是近親的氏族員皆得分受。如死者是個

第三章　易洛魁人之氏族

男子，那麽他的同胞兄弟姊妹以及母的兄弟皆分得他的財產。爲了這一理由，夫婦不能彼此繼承，子女也不得從父繼承。

五，氏族員有相互援助，保護及特別當報復異族人的侵害時扶助之義務。個人的安全依靠氏族的保護，而氏族也能對他保證。有侵害個人者，便算侵害了全氏族。由這個血緣發生了爲易洛魁人所無條件地承認的復讎之義務。假使一個他氏族的人殺害了一個氏族員，被害者的全氏族必須爲他復仇，最先試行調解。加害者的氏族開會商議，且大致用道歉的表示與貴重的禮物，向被害者的氏族協議會提議求和。如果這些都被接受了，那麽事情就告解决。要是不然的話，被侵害的氏族指定一人或一人以上的復仇者，他們負有追求加害者而殺害之之義務。如果他們成功了，被復仇的氏族沒有訴怨的權利，這筆賬就勾消了。

六，氏族有一定的名字或許許多多的名字，爲在部落內的其他氏族所不許使用的；因此個人的名字就指示他所屬的氏族。氏族名同時帶着氏族權。

七，氏族得收異族人爲養子，因此他們得過繼于全部落中。未被殺戮的俘虜，因被收容爲一氏族的養子，就成爲塞奈卡族的部落員，且因此得享有完全的氏族權與部落權。收容養子的事情，由幾個氏族員的動議以舉行，如氏族員爲男子，收異族人爲兄弟或姊妹，如爲女子，則收他爲子女。爲確認過繼計，必須舉行嚴重的氏族加入禮。故常有例外地減少人口的部落，獲得他氏族的同意，把大批的異族人收容過來，因以增强力量的。在易洛魁人中間，加入氏族的典禮在部落協議員的公共集會中行之，故事實上成爲一種宗教的儀式。

八，印第安氏族中有特殊的宗教祭禮存在的事情，很難實證。然印第安人的宗教儀式是多少與氏族有關聯的。在易洛魁人每年六次的宗教節中，各氏族的酋長，元帥皆加入『信仰擁護者』(Keepers of the Faith) 之列，且行僧侶的職能。

九，氏族有共同墓地。在紐約州的易洛魁人中間，他們的四周是全住滿着白種人的，墓地已經消滅，但從前曾存在過。在其他印第安人中間，今仍有存在者，例如易洛魁人的近親即塔斯卡羅拉（Tuscaroras）人就是，他們雖是基督教徒，但各氏族在墓地中，有一定的系列；母可葬於與子女相同的系列，但父不能如此，又在易洛魁人中間，死者的全氏族須參加葬儀，預備墓地，及宣讀吊詞等等。

十，氏族有協議會，是一切成年男女氏族員有平等投票權的民主主義的集會。這個協議會選舉且罷免氏族的酋長與軍長；又對於其餘的『信仰擁護者』也如此。牠議決被殺害的氏族員的賠償或復仇，牠收容異族人加入氏族中。總之，牠是氏族最高的權力機關。

照摩爾根說，以下各項是典型的印第安人氏族的特權：『易洛魁人的全體成員皆是自由人，有相互防衛自由的義務；他們在特權及個人的權利上是平等的，雖是酋長或軍長也不要求何等的優越權；而且他們由血緣而結合為兄弟關係。自由，平等，友愛雖從沒有化為公式，却是氏族的根本原則，又是全社會制度的單位，組成印第安人社會的基礎。由這種單位所構成的組織體，必然的要具有牠們的特徵。在印第安人品性上所具有的獨立意識與個人的莊嚴態度，正可由此以說明。』

在發見的當時，全北美洲的印第安人是由母權制而組成為氏族的。僅有『在某幾個部落如達科他族（Dakotas）間，氏族已經廢除；在另外幾個部落有如奧傑布華族（Ojibwas）與馬哈族（Omahas）及猶嘎旦（Yucatan）的馬耶族（Mayas）間，血統已由母系改為父系。』

在有五六個氏族的許多印第安人部落中，我們見到有三四個或更多的氏族是結成為一種特別的集團，這種集團由摩爾根用同等的希臘語把印第安語忠實地翻譯出來，稱之為 Phratry（兄弟關係）——大氏族。這樣，塞奈卡族有二個大氏族；第一包括一到四的氏族，第二包括五到八的氏族。若詳細研究起來，便可見此等大氏族大概是代表當初構成為部落的原始氏族的。因氏族內的通婚禁令必然地要使一部落內至少包括二個氏族，以期實現牠的獨立存在。由於部落的增大，每個氏族再分裂為二個或二個以上的新氏族，這種新氏族如今雖當作各別的氏族而存在；但包括一切女兒氏族的原始氏族還當作大氏族而繼續下去。在塞奈卡族及其他大部分的印第安人中間，『在同一大氏族內的氏族，彼此都是兄弟氏族，但對別個大氏族的氏族是從兄弟氏族』——這些名稱，如前所述，是在美洲的親族制度中有極現實而富于表現的意義的。本來塞奈卡族在大氏族內不許結婚，惟這種慣習久已廢置不用，今僅限于氏族。據塞奈卡族的傳說，熊與鹿是二個原始氏族，其他氏族皆是由牠們派生的。這個新制度一經確立以後，牠應于環境的必要而受修正，如一大氏族的氏族滅亡的話，有時經相互的同意，由他一大氏族的氏族員全體移轉的事情也是有的。爲此，我們得於種種部落中，看到有屬於各個大氏族的同名的氏族。

『在易洛魁人間的大氏族之職能半是社會的，半是宗教的。』（一）大氏族互相對抗而作球戲。每一大氏族派出牠的最優等的運動員，其餘的各取陣地參觀，且互賭輸贏。（二）在部落協議會中，各大氏族的酋長與軍長相對地就坐，各演說者向各大氏族的代表演說，彷彿是各別的團體似的。（三）當部落內發生殺人事件，加害者與被害者不屬於同一大氏族時，被侵害的氏族當訴於牠的兄弟氏族。這些氏族就舉行大氏族協議會，以全體對付別個大氏族，使後者召集會議，以謀事件的解決。在這時期，大氏族重現出牠的原始氏族的資格，且比牠的女兒氏族的微弱氏族有更大的成功之希望。(四)當重要人物死亡時，對方大氏族準備埋葬及吊禮，死者的大氏族則當作送葬者參與葬儀。會長死時，對方大氏族通知易洛魁人的同盟協議會以缺位的事情。(五)當選舉會長時，大氏族協議會也有活動。得兄弟氏族的承認，一般雖認爲當然；但他一大氏族的氏族可以反對。這時候，這個大氏族協議會就要開會，如果協議會主張反對論爲有理的話，選舉就算無效。(六)以前，易洛魁人有被白人稱爲魔術小屋(miedicine lodges)的特殊的宗教秘密儀式。這種秘密儀式在塞奈卡族，是由二個宗教團體爲新的成年者舉行加入特禮時所執行的，此等團體各有所代表的大氏族。(七)在征服當時住於達拉斯加拉(Tlascala)四區的四個氏族(lineage-s)，如果確實爲四個大氏族的話，那麽，大氏族之同時爲軍事的單位，有如希臘的大氏族，及日耳曼人的相類似之性的團體一樣，也可由此證明。這四個氏族當戰爭時名成爲獨立的集團，有特別的制服，軍旗及自己的軍長。

正猶幾個氏族形成爲一個大氏族，同樣在古典的型態上，幾個大氏族形成爲一個部落。有時，在極衰微的部落中，大氏族這種中間集團是不見的。

什麼是美洲的印第安人部落的特徵呢？

一，獨自的領域及獨自的名稱。每一部落在實在的住居場所以外，尙有一片供漁獵的廣大領土。在這片領土的那一方，有接近另一部落境界的中立地帶；在言語相近的部落間中立地帶較小，在語言不通的部落間，中立地帶較大。日耳曼人的境界林(boundary Forest)，凱撒的蘇匯維人(Caesar's Suevi)在他們領土四周所作的荒地，在丹麥人與日耳曼人間的 isarnholt(丹麥語爲 jarnved，拉丁語爲 limei Danicus)，斯拉夫人與日耳曼人中間的薩克遜森林及爲 Brandenbug 地名之根源的 branibor（斯拉夫語——防衛林），皆是這種的中立地帶。由這種中立地帶所圍續的領土爲部落的共有財產，且爲別的部落所同樣承認，又被防衛以對付他部落的侵入。這樣不確定的境界，僅在人口非常增加之後，才成爲實際的不利益。

種族的名稱，大概似由於偶然的結果者爲多，而由於意識的選擇者爲少。經過相當時間之後，一個部落常有被隣近部落取定名稱，而不是由牠自身所選定的。日耳曼人之從克勒特人取得他們最初的歷史名稱，正是如此。

二，特殊的爲這個部落所專有的方言。事實上，部落與方言是一致的。因分裂而形成新部落與方言之事情，直至近來，尙在美洲進行，而且無疑地今猶未完全停止。當兩個衰微的部落融合爲一的時候，會得例外地發生二種非常近似的方言在同一部落內應用的事情。美洲部落的平均人數，在二千人以下。然拆羅岐族(Cherokees)却有二萬六千人，實爲在美國中使用同一方言人口最多數之印第安人。

三，正式任命由氏族所選出的酋長與軍長之權利，及

四，雖反於氏族的意志，而仍得罷免他們之權利。因此等酋長及軍長都是部落

協議會的會員，故部落對於他們的這種權利，是當然的。在部落的聯盟已經組成，一切部落皆有代表在聯合協議會的地方，則由聯合協議會運用這種權利。

五，共通的宗教觀念(神話)及禮拜制度之保有。『美洲印第安人，追從野蠻人的習俗之後，是一種宗教的民族。』他們的神話尚未被批判地研究過。他們把宗教的觀念——一切種類的精靈——用人間的形態具體化，但他們所過活的野蠻下期，尚未知道有所謂偶像。這是進化到多神敎的經程中所看出的對自然與元素的崇拜。各部落皆有正式的節日，用一定的禮拜形式，特如跳舞與競技來慶祝。其中尤以跳舞爲一切宗敎祝典之主要構成部分。每一部落的祝典，是各別舉行的。

六，爲公共事務的部落協議會。牠是由個個氏族的全體酋長與軍長所組成，他們在任何時候得被罷免，所以是眞正的代表人物。議事時向大衆公開，其餘的部落人員皆圍在四周，他們有參加討論幷要求採取意見的權利。但決定之權在協議會。通常，出席的人皆得因要求而發言。女子也得選一個發言人，陳述她們的意見。

在易洛魁人間最後的決議，同日耳曼的馬可（mark——邊界）共產體之許多決議的情形相同，必須是全體一致的通過。規定與異部落的種種關係，爲部落協議會的特別的責任。協議會接受幷派遣使者，宣告開戰且訂結和約。戰爭大都由志願兵担任。『理論上，每一部落與未訂和平條約的其他部落，終是在於戰爭狀態的』。

對付這種敵人的出征軍隊，大概是由各個優秀的軍人組織的。他們舉行一種戰爭跳舞，凡加入跳舞的人，就由此宣告他的加入出征軍隊的志願。於是把隊伍編成，立刻開始行動。那被進攻的部落領土之防衛，也是大概由志願兵担任的。隊伍的出發與凱旋，常成爲公共祝典的動機。對於這種出征的部落協議會之同意是不必要的，既不被請求，也不被給與。這與塔西佗(Tacitus)所記述的日耳曼隨兵(followers)之私鬥的出征却相符合。不過這些日耳曼的隨兵集團，已具有較永久的性質，成爲一種在平時也有組織，在戰時再號召其他志願兵的强固核心，僅有這一點是不相同。這種軍隊的人數大概無多。印第安人的最重要的出征，即使是行向很遠的處所，也用僅少的戰鬥力來實行。如有許多集團聯合遠征，各集團祗服從牠自己的軍長。野戰計畫的統一，是由此等軍長的協議會以資保證。據安密亞那斯馬塞里那斯（Ammianus Marcellinus）的記載，第四世紀阿利馬尼人（Allemani）在上萊因（Upper Rhine）的作戰，就是如此。

七，在有幾個部落中，有一個最高的元首，但他的權力是有限的，他是酋長中之一人，當需要緊急行動時，在未召集協議會決定辦法之前，有謀臨時對付的任務。他代表一種具有執行權力的官吏，是微弱而後來沒有充分發展的。因爲這種官吏，如後面所述，大概是由最高的作戰領袖發達起來的。

美洲印第安人的大部分，沒有超出部落聯盟的範圍。在二三個人口不多的部落，由廣大的境界地帶互相畫分，由不絕的戰爭變成衰弱，他們就以少數的人口占有遼闊的領土。近緣部落間的聯盟常因暫時的必要而結成，等到境況稍佳就告解散。但在有幾個地方，同一血族的部落從分裂狀態再行團結，構成永久的聯盟，爲形成國民的初步。在美國，我們於易洛魁人中，見到這種聯盟之最發達的形態。他們從大致成爲達科他（Dakota）家族一分支的密西西比河西部的住居地域遷移出來，在長遠漂泊之後，最後定居於今日的紐約州。他們共有五個部落：塞奈卡（Senecas），撲尤加（Cayugas），溫嫩多加（Cnondagas），奧奈達（Oneidas），及摩和克（Mohawks）。他們靠魚類，獸類及粗末的野菜過活，住於用柵防衛的村落中。他們的人口從未超過二萬，有幾個氏族是爲五部落所共通的。他們講同一言語之非常近似的方言，占有互相接連的領土。因爲這塊領土是戰勝得來的，故他們聯合一致以抵抗被驅逐的從前的住民，自是當然的事。到至遲也不過十五世紀之初，這種協力的習慣，已發達爲一種正式的「永久聯盟」（eternal league），一種誓同生死的團體，不久牠賴新得的勢力，便帶有侵略的性質。約在一六七五年，牠的勢力到了絕頂的時候，已征服了四周廣大的土地，把住民一部分驅逐出境，一部分使之朝貢。易洛魁聯盟代表了未超出野蠻時代下期的印第安人所曾到達的最進步的社會組織。

第三章 易洛魁人之氏族

這是僅把墨西哥人，新墨西哥人及秘魯人除外的。

聯盟的根本規約如下：

一，以在一切內部的部落事項完全自由及平等爲基礎的五個血緣部落之永久的同盟。這個血緣關係成爲聯盟之眞實基礎。五個部落之中，有三個稱爲父部落，互爲兄弟；其餘二個稱爲子部落，也互爲兄弟。三個最古的氏族在全體五部落中由尙生存的成員代表，此等成員皆被視爲兄弟。其他三個氏族在三個部落中尙有生存者，他們的成員也互稱爲兄弟。僅僅因方言而稍有差異的公共言語，便是他們的公共血統之表現與證據。

二，聯盟的正式機關是由地位及權威都是平等的五十個酋長所成的同盟協議會。這一協議會在一切同盟事務上有最高的決定權。

三，當創立聯盟之際，這五十個酋長被分配到各部落及氏族，當作爲聯盟目的所特別設置的新官職的主持者。一有遺缺，卽由氏族內選人補充，而任此項職位的

人得被隨時罷免。然任命官職之權利，屬於同盟協議。會

四，此等同盟的酋長，同時爲他們的部落的酋長，在部落協議會中有議席與投票權。

五，同盟協議會的一切決議，必須是全體通過。

六，投票是由各部落行使的，這樣爲通過一個有效的決議，每個部落與每個部落的協議會會員必須一致贊成。

七、五個部落中之任何一個得召集同盟協議會，但協議會不得自行召集。

八，同盟會議在召集的民衆面前公開舉行。每個易洛魁人得以發言，但最後的決定歸於協議會。

九，聯盟沒有公的首腦，沒有執行的領袖。

十，但牠有二個具有平等職能及平等權力的高級軍長（斯巴達的二『王』，羅馬的二執政官）。

這是全部的公的制度，易洛魁人在這個制度下過活了四百餘年，今猶在生活中。我跟從摩爾根之後，把牠更詳細地記述之理由，是因我們在這裏有一個機會可以研究尙未知有國家的一種社會的組織。國家是以有與構成員的全體相分離的一種公的强制力爲前提的。馬婁(Maurer)，以正確的直覺，承認日耳曼的馬可制度爲一種純粹的社會制度，雖然牠供給了可爲後來樹立國家制度的基礎，但本質上是與國家制度不同的。因此在他的一切著作中，他要研究馬可村落，田莊及都市中的及與之並行的公的權力之逐漸發生。我們從北美印第安人，就可看出怎樣地一個本來單一的部落漸漸地散布於廣漠的大陸；怎樣地部落因分裂而成爲諸部落總體的民族；怎樣地言語改變，使他們不僅不能互相理解，且至消失了以前單一性的種種痕迹；同時怎樣地一個氏族分裂爲好幾個氏族，怎樣地古的母氏族被保留在大氏族中，而且怎樣地此等最古氏族的名稱仍在遼遠的又是久別的部落中存在——狼與熊在大多數的印第安部落中還當作氏族的名稱。而以上所記的制度在本質上可以對牠們全體應用，所異者祇是有許多並未達到構成近親部落的同盟之一點而已。

然氏族一經成爲社會的單位，我們又得見到氏族，大氏族及部落的全制度，是怎樣地由這個單位以差不多强制的必然性——因爲自然性之故——發達起來。這三種都是血緣關係有疏密差異的集團。每種在牠的自身是完成的，調度各自內部的事情，又各相互補助。牠們所盡職能的範圍，包括下期野蠻人的公共的事務。

在有氏族成爲一民族之社會的單位的地方，我們也得追求與上述情形相同的部落組織。而且如在希臘及羅馬的歷史中，有豐富的資料存在之處，我們不僅能發見這種組織，更能確信在未獲資料的地方，因與美洲血緣團體之比較爲足以幫助我們解決最困難的疑問與啞謎。

這種氏族制度在牠的一切自然的簡單性上，是如何的可以驚奇啊！沒有軍隊，憲兵及警察，沒有貴族，國王，總督，知事或審判官，沒有監獄，沒有訴訟，但是萬事依然順利地進行。一切的爭鬪異議，皆由有關係者的全體，氏族或部落在各個氏族之間來解決。僅有在非常希罕的時際，才有當作極端手段的復讎行爲威嚇地存在。我們今日的死刑，只是這種復讎的文明形態，而帶有文明的一切利益與弊害的，雖然有比今日更多的共同事務有待解決——共產主義的家屬是爲許多家族所共同的，土地屬于部落，僅有園圃暫時劃歸家屬——但他們並不需要有如今日那樣龐煩複雜的行政制度之形迹。有事件發生，對于這事件有關係的各方面把牠解決，而且大部分，數百年來的慣習早把萬事規定好了。可憐的貧家的人都不會有——因爲共產主義的家屬與氏族知道他們對於老人，病夫與殘廢者的義務。一切人都是自由，平等——女子也包括在內。容奴隸的餘地已經沒有，壓迫異部落的餘地也不存在了。約在一六五一年易洛魁人業已征服伊里人(Eries)及「中立國民」(Neutral Nation)時，他們還提議把他們平等地容納到聯盟中。僅到被征服者拒絕這個提議時，才把他們驅逐出境。

這種樣的社會產生出何等漂亮的男女。這從凡曾接近過尚未墮落的印第安人的白人都要贊美這種野蠻人之莊嚴，公正高尙及勇敢的事情上，可以爲證。

我們近來又在非洲獲得這一種勇敢的證據。咀魯人（Zulus）在數年前，努比安人（Nubians）在數月前——都是氏族制度尙未絕滅的部落——曾做過爲歐羅巴軍隊所不能做的事情。原來他們沒有火器，僅僅用柄槍與投槍（lances and spears）武裝着，便能從英吉利步兵——在密集部隊戰鬥上認爲世界第一的——的後膛槍的彈雨之下，一直突進到槍劍的前面，而且不止一次地把他們衝亂，甚至迫他們退却，並不管自己的武器是如何的不統一，也不管自己是全沒有兵役且不知道什麼操練的。他們的抵抗力與實行力之偉大，可由英吉利人的訴苦中證明，因英吉利人曾驚嘆一個卡斐人（Kaffir）竟能在二十四小時內走盡比馬還要速的遠路。——最小的筋肉也會躍上，像鞭紐一樣的堅硬强韌：一個英吉利畫家說。

在沒有種種的階級分裂以前，人類及人類社會就是如此。倘把那種的社會狀態與今日文明社會極大多數人的狀態比較一下，就顯出今日的普勞來搭列亞及小農與古代自由的氏族員間的距離，有無限的大。

這是問題的半面。但我們對於這種組織之沒落的運命，必不容忽視。牠並不曾超過部落的範圍。部落的聯盟，如後所述，又如易洛魁人想壓服他族人的企圖所示，正表示牠的沒落的開始。凡是部落以外的事便是法律以外的事。在沒有和平條約存在之處，就有着部落對部落的戰爭。而且這種戰爭是以特種的殘酷來實行的，這種殘酷把人類從別的動物區別出來，到後來僅因私利而見緩和。

在全盛時期的氏族制度，如我們在美洲所見的，是以極未發達的生產狀態，從而在廣大地域上僅有稀薄的人口散布着為前提。人類差不多是全由與他無緣的為他所不了解的自然所支配。他的簡單的宗教觀念，就是顯然反映着這個的。部落對於人類，無論對自己以及對部落以外的人依然是一種限界。即氏族，部落和牠們的制度都是神聖而不可侵犯的。牠們是一種自然所賦與的優越權力，個人的感情，思想與行動依然要無條件地對牠們服從。這時代的人們在我們看來雖是非常威嚴，但在中間是沒有什麼差別的。他們還是，如馬克思所說，附屬於原始共同體的臍帶的。

這種自然發生的共同體之權力是不能不被打破的，而且牠已被打破了。但牠是由我們從最初認爲墮落，認爲從古代氏族社會之單純的道德頂上之墮落的勢力所打破的。新的階級制度之開始，是起於最卑下的動機——鄙野的貪念，狂暴的情慾，卑劣的吝嗇，共有財產之利己的掠奪。無階級的古氏族社會之崩壞是由於最可鄙的手段——偸竊，橫暴，詐欺，叛逆。而這一新社會自身，當牠存在之幾千年間，除以大多數人的被搾取被壓迫爲犧牲代價以謀少數人的發達以外，從沒有別的事情。而這種情形在現在還比從前爲已甚。

第四章　希臘人之氏族

希臘人，皮拉斯齊人(Pelasgians)以及別的同部落的民族，皆已從先史時代以來，由與阿美利加人同樣的組織，即氏族，大氏族，部落，部落聯盟，構成起來的。大氏族亦許缺如，有如多利安人(Dorians)；部落聯盟亦許都沒有充分發達；但氏族在無論何處，終是單位。當希臘人出現在歷史舞台上時，他們是已走上文明的閾了。在他們與上述美洲諸部落之間，橫着兩個極大的進化時期。英雄時代的希臘人，就是比易洛魁人進步的多。因此希臘的氏族不復保留易洛魁氏族的古代的性質。集團婚的痕跡也顯然消失。母權制已讓位給父權制。同時勃興的私有財產也就在氏族制度內開始牠的第一種作用。而第二種作用又自然地跟着第一種發生：即父權制現已實行，富有女繼承人的財產當歸於她結婚的她的夫。那就是說，她的財產要從她自己的氏族移轉給她的夫的氏族了。於是氏族權的基礎被破壞。當這時候，氏族為保留財產計，不惟容許少女在氏族內結婚，且也命令她必須這樣做了。

據格羅脫（Grote）的『希臘史』，雅典的氏族是由如下的約束維持的：

一，公共的宗教祭典，以及僧侶階級之獨占權，他們是奉祀一定的神，即想像上的氏族祖先，而用適合這種性質的別名被稱呼的。

二，公共墓地（參照德謨士內斯的『攸彪利低』Demosthenes' Eubulides）。

三，相互的繼承權。

四，當受侵害時相互援助，保護及支持的義務。

五，在某時期，特別是為失兩親的少女或女繼承人，在氏族內結婚之相互的權利與義務。

六，財產之共有，至少有二三處是如此的，且如此特舉 archon（管理人）及會計。

大氏族結合許多氏族，不過很不嚴密。惟雖如此，我們仍能於此見到有同樣的權利與義務，特別是公共的宗教儀式及當大氏族員被殺時告發殺害者的權利。還有一部落的全體大氏族，有共同的定期循環的宗教節日。在由貴族(Eupatrides)中選出的 phylobasileus（部落長）主宰之下舉行。

格羅脫所說，至此爲止。於是馬克思附加着說：『在希臘氏族中，蒙昧人（例如易洛魁人）仍能顯然看得出來。』這種蒙昧人之存在，當我們更進一步研究時，就可有益發明瞭的證據。因希臘人的氏族尙有如下的屬性。

七，父權制的血統。

八，除女繼承人以外，禁止氏族內的結婚。這一當作法律而構成的例外，很可以證明古代規則之尙在行使。另外還有一種公認的慣習，愈足以證實牠的眞確，即結婚的女子拋棄她的氏族的宗教儀式，而採用丈夫的氏族的宗教儀式。她還被加入到他的大氏族。由這種慣習及狄卡爾珂斯(Dikaearchos)的著名引述看來，氏族外的結婚是種通例。於是柏刻(Becker)在“Charikles”中就率直地主張無論何人是不許在自己的氏族內通婚的。

九，收容養子到氏族的權利。這是在公開的儀式之下，由於家族的收養以行使的，不過祇是例外的事情。

十，選舉幷罷免執政官（archons）之權利。我們知道每一氏族皆有牠的執政官。但說到這一官職之世襲，並無可信的資料。迄於野蠻期的告終，事實似是常反對嚴格的世襲的。因這種世襲是和富人與窮人在氏族內有完全平等的權利之狀態不相容的。

不僅格羅脫，還有尼布爾(Niebuhr)蒙森(Mommsen)及其他一切的上古史家，都爲氏族所困惑。雖然他們正確地明白了許多氏族的特點，但是他們仍然把牠看作家族的集團，從而使他們對於氏族的性質與起源之理解爲不可能。在氏族制度之下，家族決不是個單位，也不得爲單位。所以然者，因夫與妻必然屬於二個不同的氏族之故。家族全被包容在大氏族之內，大氏族則在部落之內。但家族之一半屬於夫的氏族，一半屬於妻的氏族。國家也並沒有在公法上承認家族。到今日爲止，家族不過在私法上有一地位而已。惟一切歷史的記述還是從不合理的前提出發的，這種前提常作十八世紀間差不多認作神聖不可侵犯，即以爲與文明差不多同時發現的一夫一妻家族的制度是爲社會及國家在牠的周圍逐漸結成的中心。

馬克思插說：『格羅脫君也常注意：希臘人由神話所說明的氏族是比神話還古。後者以及牠們的神與半神是由氏族所創造的。』

格羅脫被摩爾根當作卓越的十分可信託的證人，樂於引用的話。格羅脫說：每一雅典氏族有從他們想像上的祖先所由來的名稱，在梭倫(Solon)時代以前，甚至在梭倫以後，通常當死亡者無遺言時，由氏族員繼承他的財產；又當有殺害的事情時，最先被害者的親族，其次氏族員，最後大氏族有向法庭告發犯罪者的權利與義務。『凡我們就最古的希臘法律所能知道的一切，皆是基於氏族及大氏族的組織上的。』

氏族由共同的祖先傳來這件事情，已引起「學究的俗物」(Schoolbred philitines)，如馬克思之許多煩惱了。他們把這個出來看作純粹是神話的，所以決不能解釋氏族怎會從獨立的全無關係的家族中發展起來。但他們爲想說的氏族的存在，終不能不作這個解釋。於是他們就堅執着一句成語：『系譜(Pedigree)雖確是寓言，但氏族却是實際』。最後格羅脫這樣說——括弧內的話是馬克思的：「我們難得聽到這種系譜，因爲牠僅在舉行某種典禮時才公開使用。但不大出名的氏族也同出名的氏族一樣，有他們共同的宗教儀式〔非常奇特，格羅脫君！〕與他們共同的超人的祖先及系譜〔這是怎樣的非常奇特，格羅脫君，在不大出名的氏族中！〕根本的計畫，與理想的基礎〔我親愛的先生！不是理想的(Ideal)是肉體的(Carnal)，在英語是"Fleshy"〕在一切方面都是相同的。」

馬克思把摩爾根對此的回答綜結起來如下：「適於原始氏族形態——希臘人曾經與別的人類一樣，保有過牠——的血緣制度，互認一切氏族成員的親族關係。

他們從孩兒時代就由實踐以學習這種重要的事項。到了一夫一妻的家族一開始，牠被逐漸忘却。氏族的名稱創造一個系譜，與之並行的一夫一妻家族的名稱就看似無關重要。這個名稱，現在便有了保證後人由共同血統傳來的功用。但氏族的系譜追溯得那麽遠，所以除出有理的比較新的共同祖先之外，氏族員早不復能現實地指出他們相互的親族關係。名稱的自身是共同血統的證據。且除出養子的情形以外，永遠是有力的證據。反之，像格羅脫及尼布爾把氏族變爲純是假設的空想的產物，從事實上否認氏族員間一切親族關係的事情，眞不愧爲「理想的」科學家，也就是書蠹。因爲血族的關係，特別當一夫一妻制出現時，被推開至很遠，而過去的現實似是反映到神話的想像中，於是勇敢的老俗物作出了又在作着幻想的系譜創造現實的氏族之結論！」

大氏族，如在美洲的，是一種包容許多女兒氏族的母氏族，且他們常是由同一祖先派生的。據格羅脫說：「海格推奥斯（Hekataco3）的大氏族之全部同時代的成員是在第十六世的一個又是同一神的祖先所傳來』。從而這一大氏族的全部的族在名義上都是兄弟氏族。在荷馬看來，大氏族是一軍事的單位，在那有名的一節裏，湼司忒(Nestor)勸告阿加綿農(Agamemnon)說：『按大氏族及部落來整頓兵士，以便大氏族可以援助大氏族，部落援助部落』。此外大氏族有處殺害者以死刑的權利與義務，故在以前也有復仇的義務。牠更有共同的宗敎儀式與節日。這樣事實上，由傳統的古代雅利安人的自然崇拜而來的全部希臘神話的發達，本質上是受氏族及大氏族的制約，又是在牠們內部行進的。大氏族有一元首(Phratriarchos)，據得庫蘭給(De Coulanges)說，還有集會與約束的決議，審判與行政。就是否認氏族的後來的國家，也還讓某種公共機能許於大氏族。

部落是由許多近親的大氏族構成的。在雅典有四個部落，每一部落有三個大氏族；而在每一大氏族中有三十個氏族。這樣的集團之正確的畫分，便表示對自然發生的秩序有了意識的計畫的干涉之事實，至於牠是怎樣的，在什麼時候，又爲什麼設成就，並沒由希臘史公布出來。希臘人自身的歷史記憶只不過至英雄時代爲止。密集在比較狹隘領域中的希臘人，他們的方言的差異，沒有像在廣大的美洲森林中的顯著。但就在希臘人中，我們也看出惟有使用同種主要方言的部落結合成更大的團體。故如小雅典（Little Attica）尚有她獨特的方言，後來成爲希臘散文上的通行語。

在荷馬詩中，我們一般地可以看出希臘的部落已結合爲小民族，但他們的氏族，大氏族及部落仍各自保留完全的獨立。他們已住於用城牆防備的都市中。人口隨着畜羣及田野耕作的擴張，又隨着手工業的開端，一起增大。同時財富的差別更形顯著，且在舊的自然發生的民主主義之內部發生一種貴族的要素。各個小民族爲要占有最良的土地，也爲掠奪戰利品，繼續着不斷的戰爭。俘虜之奴隸制是早已確立起來了。

這些部落與小民族的制度如下：

一，常設的權力機關是協議會（bule），這個本由氏族的執政官（archons）構成，以後因人數過多，改由選舉補充，即因此形成了并且強大了貴族的要素。狄奥尼希阿斯（Dionysios）曾公然說英雄時代的協議會是由貴族（kratistoi）組成。協議會對於一切重要事項有最後決定權。故如伊士奇羅斯說，底比斯（Thebes）的協議會要決定厄提奧克利（Eteokles）的身體要用盛禮下葬而玻里尼開兹（Polynikes）的身體須拋棄了讓狗來咬。等國家發生之後，這個協議會就變為元老院。

二，民會（Agora 公共會議）。我們已知道易洛魁人的男男女女皆列席於協議會的開會，能有秩序地參加討論，并影響於決議。如今在荷馬所表現的希臘人中間，這種列席已發達為完全民會。這與古代日耳曼人的情形相同。民會由協議會召集，以決定重要的事務。一切男子皆得發言。最後的表決方法是用舉手（伊士居奇羅斯的『請願保護者』The Suppliants,607）或歡呼。民會的決議是最高的，終局的。蕭曼（Schoemann）在『希臘的古代』（Antiquities of Greece）中說：『當討論到一件事情，這事情是必須有民衆參加以執行的，究用什麼方法能反於民衆的意志而强制他們去服從，荷馬並未有所指示。」這顯然是當一切成年男子的部落員皆爲戰士的時代，是尚沒有得以對抗民衆的與民衆相分離的公共權力存在過，自然發生的民主主義依然盛行，而且仍爲批評協議會及軍長(basileus)的權力與地位之出發點。

三，軍長。馬克思有如下的話：『大部分生而爲王侯之奴隸的歐羅巴科學家，視軍長爲近代意味的君主。對此，美國人(Yankee)共和主義者摩爾根提出抗議。他極其俏皮地而又眞確地說及阿諛的格蘭斯頓(Gladstone)與他的"Juventus Mundi"——「格蘭斯頓氏，他對讀者提示英雄時代的希臘長官爲王爲候，更附加上紳士的風度，然他自身又不能不承認這樣的事情，即就全體上言，雖像充分地有過長子繼承的慣習或法律，但是沒有過於明確地規定」。事實上恐怕格蘭斯頓自身也必已經知道那種立在「充分但並不十二分明確」的定義上的長子繼承制，只不過與全不存在有同等價值罷了。』

我們已經見到在易洛魁人及別的印第安人中間，世襲的規則是怎樣地應用於酋長及長官的職位上。一切官職是由氏族員所選舉，因此在氏族內是世襲的。當有遺缺時，自應選最近的氏族親族——兄弟或姊妹的兒子——使之繼任，除非有正當的理由可以擯除他。從而在父權制之下的希臘人，軍長的職位通常傳於兒子或兒子中的一人，僅不過表示兒子具有由公共選舉以繼承的蓋然性而已；可決不是證明不經民選的合法的繼承。我們於此所能見到的，是在易洛魁人及希臘人中間特殊的貴族之最初的胚種，這到後來又成為在希臘人中世襲的元首或君主之最初的胚種。因之事實當擁護這樣的意見，即在希臘人中間，軍長與羅馬的王（rex）的情形相同，不是由民衆選出，即由為民衆所承認的機關——協議會或民會——所認可。

在『伊里亞特』中，人類的統治者阿加綿農，並不像是個希臘人的最高的王，而是個包圍城市的同盟軍的總指揮。又當希臘人間內訌勃發時，奧特修斯（Odysseus）曾在有名的一節文字中，指出這一性質：『多頭的指揮是不好，讓一人做統治者，一人做長官』（尙有關於王權的可愛誦的詩句加在後面）。奧特修斯並沒有講到什麽政體，祇是要求對總指揮須服從。

在特類(Troy)戰爭前，希臘人僅表現軍隊的性質，而他們的民會的進行，是十分民主主義的。阿溪里(Achilles)說及贈品即戰利品的分配時，他常常把分配不讓給阿加綿農，也不讓給別的軍長，却讓給『阿奇亞人(Achaeans)的兒子們』即民衆。由宙斯（Zeus）所生，由宙斯所養的稱號，並不證明什麽，因一切氏族是由一個神傳下的，即部落之長的氏族也是由一個『卓著』的神——在這裏是宙斯——傳下的。就像飼豚的攸米阿斯(Eumaeos)及其他非自由人，也是『神的』(dioi, theioi)，而這還是在『奧德賽』即比『伊利亞特』遲後得多的時代的事實。在同一『奧德賽』中，所謂『英雄』的名義，還給予傳令官麼里阿斯(Mulio)及盲樂師德謨多可斯(Demod-okos)。要之，希臘著作家所用以指說荷馬之所謂王政（因爲軍隊的指揮是牠的主要的特徵，在牠之外有協議會及民會並存）的"basileia"這一字，其意不過是軍事的民主主義而已（馬克思）。

軍長除軍事的職權以外，也有祭祀的及司法的職權。司法的職權雖未被詳細規定，但牧師的職權是由於部落或部落聯盟的最高代表的地位以規定的。對於民事的行政的職權從沒有什麼說明，但看起來在職務上他是協議會的議員。從而把basileus翻譯爲王，在語原方面看，完全正確，因王（Kuning）這一字是由Kuni，Kunne出來，有氏族之長的意味。但王字的現代的意義，決不指示古代希臘的 Basileus 的職權。修昔的底斯(Thucydides)稱舊的 basileia 爲 patrike，那是『由氏族引出的』，且說牠有明白規定的職權。還有亞里士多德（Aristotle)說，英雄時代的 basileia 是自由人的領袖而 basileus 是一軍事長官，一法官及一高等僧侶。所以 basileus 不是有近代意味的統治權。（註）

［註］與希臘的 basileus 一樣，阿玆得克（Aztec）的軍事長官也被誤解爲近代的王侯。摩爾根是第一個把對此職能當初誤會，誇張，後來竟故意誤傳的

西班牙人的報告，加上歷史的批判。他又證明：墨西哥人是在野蠻的中期，但比新墨西哥的拍布羅印第安人有較高的發達，還有他們的制度，據含有錯誤的報告所表示，是適應於這個階段的——即是成於三個部落的聯盟，牠征服了其他許多聯盟而使之朝貢，且由一個同盟協議會與一個同盟軍的長官統治，這一同盟軍的長官由西班牙人視爲『皇帝』。

這樣，在英雄時代的希臘制度中，我們仍得發見古氏族組織之尙有活力，但我們也見到破滅牠的要素之開端——父權制及財產之由兒子繼承，藉以促進家族中財產的積聚，幷給家族以分離氏族的權力；因世襲的貴族及王政之最初萌芽之形成，而使富的差別及影響於制度；奴隸制，當初限於戰爭的俘虜，但已作了役使部落員及氏族員的準備；部落間的舊的鬥爭，已因爲獲得家畜，奴隸，財寶而向陸上海上作有組織的掠奪而墮落爲一種正常的營生方法。要之，財富當作最高等的寶物而受崇敬，舊的氏族制度爲要證實財富之掠奪之合理而被濫用。然僅缺少一件事情：就是一種制度，牠不僅對於氏族之共產主義的傳統要擁護各個私人所新得的富，也不僅要宣言以前那樣被輕視的私有財產爲神聖，又視保護這種神聖化的財產爲人間社會最高的目的，且也要把在逐漸發達中的獲得財產的新形態，即在繼續增加中的富的新形態，與以社會普遍承認之印證。這一種制度，不僅給新發生的社會階級的分化以永久性，且也給所有階級去掠取幷統治無所有階級之權利以永久性。

於是這種制度被發見了。國家發生了。

第五章　雅典國家之發生

我們要知道國家是怎樣地逐漸發達，怎樣地半由氏族制度的機關之改變，半由新的機關之替代且終於成爲現實的國家官廳；還有在氏族，大氏族及部落中以自衞爲目的的武裝民衆，是怎樣地被掌握在這些國家官廳手中且也用以對抗民衆之武裝的公共權力所「取而代之」；除在古代雅典得以觀察這一齣戲的第一幕以外，再也找不到旁的機會了。關於各項形態的轉變，在主要之點，雖由摩爾根所敍述；但所以產生是項轉變的經濟的內容，大部分是由我自己補足的。

在英雄時代，雅典人的四個部落依然住于互相隔離的地方。就是構成牠們的十二個大氏族，也似乎在栖克洛普斯(Cecrops)的十二個都市中有各自的住所。制度也是和這個時代相適應的——民會(agora)，協議會(bule)及軍長(basileus)。

在成文歷史上我們所得追溯的限度內，我們發見土地已被分配，爲各個私人所占有。這因當野蠻上期之終，商品的生產及由此所引致的貿易已很見發達。穀物，葡萄酒與油，都是重要的物品。在愛琴海（Aegean Sea）的海上貿易，益把腓尼基人(Phoenicians)的勢力排除，而落在雅典人之手。因土地的賣買，農業與手工業商業與航海間分業的進行，氏族大氏族及部落的屬員忽然大生混淆。大氏族及部落的區域中，也就不能不接待那些雖爲同一民族員，但並不屬於這樣團體，從而在他們自己的住所中只算得異族人的住民。當和平時期，每一大氏族及每一部落各各處理自己的事務，並不和雅典的協議會或軍長相商議。惟不屬於大氏族或部落而住於他們區域的住民不得參與這些團體的行政。

這樣，氏族制度之規則的活動已經趨於紊亂，故當英雄時代有講救濟之必要。於是由提秀斯（Theseus）所制定的制度就被引用。這一改變之要點，是在雅典設置一個中央行政機關。以前由各部落獨立處理的事務之一部分，如今宣言爲共同的事務，移歸在雅典的共同協議會管轄。雅典人的這種辦法，比在美洲的任何土着民族所行者爲更進一步。因自治的部落之單純的同盟如今變爲一切部落結合爲一個集團。第二項結果是發生雅典一般的民族法，超於部落及氏族之法律的傳習之上。牠給雅典市民以一定的權利與法律的保護，即在並不屬於他們部落的區域中也得享受。這又給氏族制度以另一打擊；因爲牠開始容許不是任何雅典部落的且完全站在雅典氏族制度以外的人也認爲市民。

第二種由提秀斯所制定的制度是把全民族，不問氏族，大氏族及部落之如何，分爲 eupatrides 即貴族，geomoroi 即農民，及 demiurgoi 即手工業之三階級。貴族有就官職之絕對的特權，也包括在這一個改制中。然除出這個特權以外，新的區分依然沒有何等影響，因牠對於其他兩個階級，並未設定任何法律上的差別。不過牠指示了在暗中發展的新的社會的要素，所以是極其重要。牠表明如下的事情：由某家族習慣的占有氏族的諸種官職，已經發展爲事實上無可爭的特權；不僅如此，這種因財富而具有勢力的家族又開始在氏族之外結成一個有特權的階級，而剛在興起的國家把這種越權又認可了。牠更指出：農民與手工業者間的分業已經發展强大，足以抗爭由氏族及部落所分成的舊社會之優越。最後牠更宣言氏族社會對國家之不能和解的對立。形成國家之最初的企圖，在由於分各氏族的成員爲特權階級與非特權階級，又把非特權階級分屬於兩種不同的生產部門，而使之互相反抗，因以破壞了氏族。

雅典以後發生的政治史，迄於梭倫時代，所知道的甚不完全。軍長的職位是廢除了。由貴族們所選出的執政官（Archons）占有國家至高的地位。貴族的權力繼續增大，直至約紀元前六〇〇年時遂成爲難堪的現象。壓迫人民自由的主要手段，便是貨幣與高利。貴族主要的住所在雅典及其附近。在那裏有海上貿易及時或當作生利事業的海盜行爲，能使貴族富有，且把貨幣集中在他們之手。從此，繼續發達的貨幣經濟，遂如破壞的硝酸似的，浸蝕到基於自然經濟之地方團體傳統的生活式樣。氏族制度與貨幣經濟是絕對不相容的。雅典農民的荒落是與保護他們的舊的氏族約束之弛緩同時開始。債務證書及不動產抵押(因押當權也被雅典人發明了)既不顧到氏族，也不顧到大氏族。而舊的氏族制度對於貨幣，墊款，債務，都無所知。因之，益趨擴大的貴族的貨幣支配，爲對債務者而保護債權者，爲認可貨幣所有者向小農的搾取，又創出一種新的習慣法。雅典所有的耕地皆竪滿抵當的牌子，上面記着這一塊地抵押給某某人，值多少錢的字樣。至于沒有被這樣指定的田地，大概是已因爲抵押過期或利息而出售，轉讓給貴族的放高利貸者了，倘使一個農民被容許當作租地人仍留在那裏，靠勞動收獲的六分之一以維特生活，而把其他的六分之五作爲地租付給新主人，還是該謝天謝地的。但有更不幸的，倘若出賣土地的錢不夠償還所欠的債，或者這一項債務沒有抵押的保證，那麼債務者爲滿足債權者的要求起見，祇好把自己的子女出賣，到海外去做奴隸。父的出賣子女——這是父權制及一夫一妻制第一種的果實！要是那還不足以滿足吸血鬼，那麼他們也得把債務者自身出賣做奴隸。這就是在雅典人民中文明的可喜的曙光。

以前，當人民的生活狀態尚與氏族制度相適應時，這樣的變革當是不可能的。但現在居然來了，沒有人知道牠怎樣的來。容我們暫時回到易洛魁人。那種加在雅典人身上，幾乎好像沒有他們的協力，又確乎違反他們的意志的事態，在易洛魁人間是不能設想的。他們的永遠不變的生產式樣，是決不會產生這樣的衝突，即為由外部的情境所引起的在富人與貧人，搾取者與被搾取者間的對立。易洛魁人雖離支配自然勢力的地步尚甚遠，但在由自然所容許他們的限度內，他們却能處理自己的生產。除出不能在小園中栽培，在河內湖內的魚類或在林中的野獸絕跡以外，他們常知道謀生所用的方法將引起何種的結果。那所得引起的，當是多少有點豐富的食物資料。可是決不至於引起不預想的社會的動盪，氏族約束的破壞，及因階級利益衝突而互相對抗的氏族員的分裂。生產是在最最狹隘的狀態中進行的，但——生產者支配他們自己的生產物。這種野蠻的生產之莫大的利益，到了文明期開始，便被喪失。要把牠回復過來，置於在人類現在所有偉大的自然支配及由此變成可能的自由結合之基礎上，那將是下一世代的任務。

在希臘人間並不如此。畜羣與奢侈品之私有，形起了各個人間的交換，又轉化生產物爲商品。這裏便是如下的全部變革之根源。當生產者不復消耗他們自己的生產物，却用以交換他人的生產物時，他們已失去了對於牠的支配。他們不曾知道還要變成什麼。而爲剝削及壓迫生產者計，轉利用生產物以反抗他們的可能性却具有了。因此，在廢止個人間交換的社會，要想永久維持對於自己生產的支配與對於生產過程之社會的作用的統制，終是不可能的。

然在個人間的交換發生之後，又在生產物轉成商品之後，生產物是怎樣迅速地表顯牠對於生產者之支配，是雅典人所不能立刻經驗到的。與商品生產同時，爲自己打算的個人的土地耕作也發現，不久就成爲土地之私人占有。更有對一切人皆得交換的一般的商品即貨幣也同時出現。但當人創出貨幣時，他們全不想到他們是在創造一種新的社會權力，爲全社會必須對牠下跪的一種普遍權力。但就是這個新的，並沒有自身創造者的預知與意欲而忽然躍出的權力，用着全部青春時代的殘忍性，叫雅典人不能不感到牠的支配。

應當做什麼呢？舊的氏族制度不惟證明無力反對貨幣的凱旋行軍，而且也絕對不能在牠的範圍內有包容貨幣債權者，債務者及債務之强制的徵收等類之餘地。然新的社會權力一經出現，既不是對於復歸善的舊時代之虔誠的願望，也不是那種戀想，能把貨幣及高利驅出於這個世界之外。還有一層，氏族制度已經受了許多從屬缺點的害處，在全雅典地方的特別在雅典市自身的氏族員及大氏族員之無分辨的雜居，已經是一代厲害一代。就在當時，一個雅典的市民雖能出賣在氏族以外的土地，却不許出賣他的住宅。各種生產部門間的分業——農業，手工業，在手工業內無數的專業，商業，航海業等——跟着產業及交通的進步，愈益完全發達。住民現在依據職業分成十分確定的集團，各個集團有各別的利害關係，因不受氏族或大氏族的保護，故有創設新的官職的必要。奴隷的數量大大地增加，且確乎超過了當時自由的雅典人數。氏族社會本不知有奴隸制，所以也不知道管轄這批奴隸大衆的何等手段。最後，因貿易的發達，把許多外國人吸引到雅典來，他們爲在雅典容易賺錢，就移住在那裏，按照舊制度，外國人既沒有公權，也沒有法律的保護。雖受傳統的默許，但他們終是搗亂的異族分子。

要之，氏族制度已到了牠的末路。社會一天發展一天，超出了牠的範圍。卽在牠的眼下所發生的最不幸的惡弊，牠也沒有力量去阻止或鎭壓。而同時國家已在暗中發達。由於最初在都市與農村間，然後在種種都市勞動的部門間之分業所成的新集團，爲擁護牠們的利益已創出新的機關。一切種類的公職已經設立。而更其重要的，是當時新生的國家需有牠自己的武力。在航海爲業的雅典人，最初是需有海軍，以供時時的小戰及保護商船之用。在梭倫以前的不知什麼時候，有稱爲諾克拉里(Naukrariai)的小領土區域創設起來，每部落各有十二個，每一諾克拉里必須準備一艘軍艦，配上武器，派定船員，此外再選送二個騎士。這種規定實與氏族制度以兩重打擊。第一，由於牠創設了早已不復直接與武裝民衆的全體相一致的公的强制權力。第二，由於牠開始不依親族集團而依地域的共同住居，爲了公共目的而區別民衆這究有什麼意味，我們就卽刻可以明白。

氏族制度對於被榨取的民衆既不能有所援助，於是他們所能希望者便只有新興的國家。而國家的援助是在梭倫的制度形態中實行。同時牠更犧牲了舊制度以增益自己的力量。梭倫用對於私有財產的侵害，以開始一套的所謂政治革命。至於在紀元前五九四年他所用以完成這種改革的手段，我們可以不問。一切從來的革命，都是爲保護一種財產以反對他種財產之革命。牠們要不侵害他種而保護一種，是不能的。在法蘭西的大革命，就爲了救護布爾喬的財產，把封建的財產犧牲了。在梭倫的革命，是債權者的財產不能不對於債務者的財產有所讓步。他老實宣言債務爲無效。我們雖不獲知其詳情，但梭倫在他的詩中，曾經這樣自誇：他除去了債務者土地上的抵當牌子，他使一切爲了債務逃亡或被賣至海外的人都回鄉來。這只有公然地侵害私有財產才能實行。而且實際上，一切所謂政治的革命，皆是由沒收或者也叫做盜竊他種類的財產以保護一種類的財產而發動的。二千五百餘年來，私有財產僅由侵害私有財產才得維持的事情，是絕對眞實的。

但現在必須想出一個法子以防止自由雅典人之這種奴隸制的再現。這個先由一般的方法，即禁止把債務者人身抵當的契約着手。再規定每個人所能占有的土地之最大限度，以期稍稍限制貴族對於農民所有地的熱望。但以後尙繼續發生許多制度的修正。其値得特別注意者如下：

協議會議員數增至四百人，每一部落爲一百人。故在這一點上，部落依然當作基礎。但這不過是舊制度被轉入新國家團體之惟一遺物。因爲在別方面，梭倫把市民按照他們的土地所有及其收穫分爲四個階級。五百，三百及一百五十 medimnoi (medimnoi 等於一•一六 bushels〔1 Bushel 等於半斛〕)的穀物量，作爲前面三個階級最低限度的收獲量。所有土地少於此數或竟一無所有的人，全屬於第四階級。

祇有前面三個階級中人能就官職；最高的官職則由第一階級中人任之。第四階級祇有在民會中的發言權與投票權。但在這裏，選出一切官吏；在這裏官吏不能不負責任；在這裏製定一切法律；又在這裏，第四階級是占大多數。貴族的特權，有一部分雖因財富的特權形態而得復活；但民衆保有最後的決定權。這四個階級又成爲改組新軍隊的基礎。最先的二階級担任騎兵第三階級担任重步兵；第四階級担任不着甲冑的輕步兵及在海軍中服務。在這時候。第四階級恐怕還受有餉銀。

這樣，在這個制度中就有所謂私有財產之全新的要素加進來。國民的權利與義務卽按他們所有土地的財產，分別規定。凡用財產分類的制度獲有勢力的地方，舊的血緣關係的集團就要退避。於是民族制度又受了一度失敗。

然據私有財產以定政治權利的辦法，並不是沒有牠，國家就不得存在的一種制度。自然，牠也許在某種國家的憲法史上盡過重大的作用；但在許多的國家，而且最是完全發達的國家，並不以牠爲必要。就在雅典，牠也不過盡了過渡的作用。自亞立斯泰提(Aristides)以後，一切官職便已對全體市民公開了。

在嗣後八十年中，雅典的社會更向着以後數世紀間發達的方向徐徐地前進。對於梭倫以前之不法的地租，還有對于土地所有之無限制的集中，皆加禁阻。商業，及因奴隸勞動發達愈趨於大規模經營的手工業與手工藝，成爲謀生上重要的因素。民智也有進步。雅典人如今不用舊式殘酷的方法剝削自己的民衆，却大概向着奴隸及外來的顧客謀搾取。動產，卽貨幣的奴隸的以及商船的富，愈見增加。但這個已經不像在當初愚蠢的時代，單單用爲購買土地的手段，而是成爲在牠本身的目的了。這一工業上商業上富的所有者之新階級，今已對着舊的貴族，敢行一種優勝的競爭，於是舊的氏族制度之遺物喪失了牠們最後的地盤。氏族，大氏族及部落，如今因爲牠們的成員已經散布於雅典各地，且完全混居，所以不能再成爲政治的集團。許許多多的雅典人並不屬於任何一個氏族。他們是移民，雖被收容爲市民，却不編入任何一個舊的血族團體中。此外，還有一種繼續增多的外國移民，他們則僅由固襲的默許而受保護。

這時候，有黨派的鬥爭進行，貴族想回復他們以前的特權，曾暫時重獲支配，直至克來斯特納斯(Kleisthenes紀前五〇九年)革命起來，才給他們以最後的顚覆，且完成了氏族制度的沒落。

克來斯特納斯在他的新制度中，否認以氏族及大氏族爲基礎的四個舊部落。牠們的地位用一種全新的組織代之，這種組織是以他近來所試行的依據住居場所把市民分成諸克剌里(Naukrariai)的辦法做基礎。故屬不屬於血族團體，已不復爲主要的事實，只有住居區域才成爲標準。現在所要區分的，不是民族，而是領土；住民僅成爲領土之政治的附屬物。

雅典全土分爲一百個叫做得莫伊(demoi)的共同區域，每一區自治行政。住在一個得莫斯(demos)內的市民(得莫託伊demotoi)選舉他們的長官(demarchos)以及會計與審判輕微案件的三十位審判官。他們也有他們自己的神殿及守護神或英雄幷選出他們的僧侶。得莫斯的統治權，握在得莫託伊的協議會。這正如摩爾根所正確地說明的，是自治的美洲都市團體之原型。近代國家在牠的最高度發達上所到達的這個單位，就是在雅典生長中的國家開始時所根據的單位。

十個的這種單位（得莫伊）形成一個部落；但是這種部落爲要與舊的血族部落有所區別起見，現在被稱爲地域部落。地域部落不祇是自治的政治團體，且也是軍事團體。牠選出指揮騎兵隊的菲拉爾克（Phylarchos）即部落長，指揮步兵隊的塔克西阿爾克（Taxirachos）及指揮由全領土徵募來的全軍之戰略領袖（Strategic leader）。牠更要準備五艘軍艦，及軍艦上的設置與全部的人員。牠取那爲守護神的雅典的英雄之名以稱呼自己。牠又選五十位議員到雅典協議會中。

現在我們來講雅典的國家。牠由從十個部落所選出的五百議員所組成的協議會來統治，服從那個每個公民皆有出席權與投票權的民會之決議。此外，由雅康（Archons）及其他官吏主持各部的行政及司法。至於具有執行權力的最高官吏，在雅典是不存在的。

因這個新的制度與對於半由移民半由被解放的奴隸所成極多數的保護民予以市民權，於是血族制度的各機關，皆爲公共事務所取代。牠們僅成爲私的及宗教的團體。但牠們的道德的影響，因襲的觀念及思考樣式尙長期存在，祇是徐徐消滅。這在另一種國家制度上也可顯見。

國家之本質的特徵是在於大衆分離的公共的强制權力，我們已經見到了。雅典在當時僅有直接由人民所準備補充的陸軍與海軍。用這些以外抗敵人，內制奴隸，奴隸在當時是已占人口的大多數了。對於市民，這一公的强制權力在起初不過當作與國家同時發生的警察的形態而存在。所以十八世紀天眞的法蘭西人，有不說文明的而說警察的國民（Nations policees）之習慣。這樣，雅典人在他們的新國家內，創設警察，是步行與騎馬的攜帶弓矢的眞實的武力。然這種警察隊是由奴隸編成的。至于自由的雅典人看這種警察勤務甚爲可恥，所以他們與其自就此種賤役，毋甯被武裝的奴隸所捕。那仍然是舊的氏族精神之表示。國家無警察固不能存在，然雅典國家非常幼稚，尚未具有充分的道德的尊嚴足使那必然地在古氏族要視為不名譽的職務發生威信。

如今在要點上已告完成的國家，是怎樣地適合於雅典人的社會狀態，可於財富商業及工業之急速生長上見之。為社會的及政治的制度之基礎的階級對立，已不復是貴族與平民，而是奴隸與自由民，保護民與市民。在全盛時代，全雅典的自由市民，連女子及兒童在內，總數為九〇、〇〇〇人，男女奴隸為三六五、〇〇〇人，還有保護民——外國人及被解放的奴隸——四五、〇〇〇人。故對於一個成年的男子市民，至少終有十八個奴隸與二人以上的保護民。奴隸人數之多，是因多數的奴隸在大工場中於監督之下一起工作之故。然因商業及工業的發達，發生了少數人的富之積聚與集中。自由市民的大衆遂趨于窮困，他們所能走的路祗有二條：一是靠自己的手工勞動以與奴隸勞動相競爭（奴隸勞動在他們是認為恥辱，卑賤，而且前途沒有什麼希望的）；一是破滅以盡。在當時的情境之下，他們是必然地走後面的一條路，且因他們是大衆，就把全雅典國家崩壞了。故雅典之所以覆滅，並不如諂媚王侯的歐羅巴衒學者所主張，是由民主主義所引起，却是由驅逐自由市民之勞動的奴隸所招致的。

在雅典人中國家的發生，可爲國家組織上一種非常典型的形態，因爲牠的實現，並沒有外的及內的暴力行爲的干涉——庇士特拉妥（Pisistratos）的篡奪，並未曾留有牠短時期的何等痕跡。在他方面，牠又使所謂民主共和國的極高度發達的國家形態，直接從氏族社會中出現。而最後，我們是充分地知道這一過程中之一切主要的細目。

等六章　在羅馬的氏族及國家

據羅馬建設的傳說，最初的殖民是由許多拉丁氏族（據說有一百個氏族）結合爲一部落以行；不久加入一個薩柏力安（Sabellian）部落（據說也由一個百氏族成功）；最後有成於種種要素，但仍爲一百個氏族的第三種部落，和牠們聯合起來。這一全篇故事粗粗一看，表示除氏族外，再沒有自然發生的，而且氏族自身在許多地方不過是在故鄉尙存在的母氏族之一支族。這種部落雖然在前額上刻着人工構成的標記；但牠們仍由親族的要素而成，且倣着不是人爲而是自然發生的古部落的原型而造的。同時，一個眞正的古部落得成爲三部落各各的核心，也不是不可能。爲中間關節的大氏族成於十個氏族，被稱爲庫里亞（Curia）。因此，共有三十個庫里亞。

羅馬的氏族與希臘的氏族相同的制度，是被一般所承認的。希臘的氏族是同一社會單位的連續，牠的原始形態爲我們於美洲印第安人中可以見到者，這對於羅馬氏族，自也適用，故我們得更簡單地論述。

羅馬的氏族，至少當該都市最古的時代，是具有如下的制度的。

一，氏族員之相互的繼承權；財產保留在氏族中。在羅馬氏族中，已經與在希臘氏族中相同，行使父權制，故女系的子孫是除外的。據我們所知最古的羅馬成文法即十二銅表，最初是親生的子女繼承財產；若沒有親生的子女，則由阿格納蒂(Agnati男系的親族)繼承；若連阿格納蒂也沒有，則轉到氏族員繼承。在無論何種情形之下，財產終是留在氏族內的。我們於此見到因增加的官及一夫一妻制所引起的新的法律規定，徐徐地侵入到氏族的慣習中來。氏族員本來平等的繼承權，最先因慣習而限於阿格納蒂——自然是在很遠的時期——後來再限於親生子女及男系的子孫。惟在十二銅表上，這個順序自然是相反的。

二，共同墓地之所有。稱爲克羅狄亞(Claudia)的貴族氏族。當由勒吉利(Regil-

三)移住到羅馬時，在被指定的一片土地以外，還在市內得牠自己的共同墓地。以後更在奧古斯都 (Augustus) 治下，在推託部革之森(Tentoburger Wald)被殺的末拉斯(Varus)之首領，運到羅馬，葬在 gentilitius Tumulus (氏族之丘)；可見他的氏族(Quinctilia) 尙有自己的墓地的。

三，共同的宗敎儀式。牠們用氏祭(sacra gentilitia)的名義，頗爲有名。

四，在氏族內不通婚的義務。這在羅馬雖決不是一種成文法，但依然有這種慣習。在無數傳給我們的羅馬人夫妻的名字中，並無一例是夫妻有相同的氏族名的。繼承權也證明這一規則。因爲結婚，女子就喪失了她的親族法上的權利，爲氏族所排除，而且她以及她的子女皆不能繼承她父親的以及父之兄弟的財產；因爲不是這樣的話，她的父親的氏族就會失去他的財產之故。這種規則是祇有當女子不許與氏族員結婚的前提下，才有意義的。

五，共同的土地。這在原始時代，當部落的領土開始分配的時候，是常存在的。在拉丁部落間，土地的一部分屬於部落，一部分屬於氏族，一部分屬於在當時尚未成爲單一家族的所有。相傳羅繆拉斯(Romulus)是第一個對各個人分配土地，大約每人可得二•四七英畝(二 Jugera)。但以後我們仍見有土地在氏族手中者，至於爲共和國全部內政史之中心的國有土地，自不必說了。

六，氏族員互相保護及扶助之義務。對這規則成文歷史僅有斷片的記載。羅馬的國家，從最初就表現這一種優越的權力，以後就發展爲反抗不正之義務。當阿批烏斯克勞第烏斯 (Appius Claudius) 被逮捕時，他的全氏族，連他個人的敵人在內，都爲他服喪。當第二次布匿克(Punic)戰爭時，諸氏族爲謀釋放他們被俘虜的氏族起見，特行團結。但元老院不予認可。

七，用氏族名的權利。這在帝政時代以前，一直有效。被解放的奴隸雖得引用他們從前主人的氏族名，但並無氏族權。

八，收容異族人入氏族的權利。先過繼給家族（如印第安人所行者），然後算編入在氏族。

九，選舉幷罷免首領的權利，任何地方皆沒有說及。然在羅馬的初期，從王以下，一切官職全由選舉及指名以任命之；又因庫里亞也選舉他們自己的僧侶，故我們認爲對於氏族的長（principes）當也如此——不管從同一家族中選出候補者的規則已經是很確立。

以上所述，是羅馬氏族的權能。除出已完成的到父權制之過度而外，牠們實是易洛魁氏族的權利義務之眞實影像。在這裏，『易洛魁人中亦仍顯然可見』。

講到羅馬的氏族，就是在現代最著名的歷史家中，他們的意見也是非常混亂，這可舉一例以明之：在蒙森(Mommsen)論及共和制時代與古斯都時代羅馬家族名詞的論文（『羅馬研究』Romische Forschungen, Berlin, 1864, Vol. I.）中，他這樣寫着：『氏族名不僅給於全部男子氏族員——包括被收容者及保護者在內，但奴隸自然除外——但也給於女子。……部落（蒙森却譯爲氏族）是起於一個共同的——現實的，假定的或者甚至虛構的——祖先，而由共同的儀式，葬地及繼承的慣習所結合的團體。一切自由的個人，連女子也一樣，得以而且必須要求爲該團體的成員。然已結婚的女子之氏族名，有點難以規定。祗要在女子不許與氏族員以外的任何人結婚的時期內，這樣的事自然是要除去的。而且我們有證據，女子曾在長期間，覺得與氏族以外的人結婚比較在氏族內要困難的多。這一種與族外人結婚的權利卽gentis Enuptio，在第六世紀，尙當作個人的特權與報酬而被授與。……但在原始時代遇有這種族外結婚的地方，女子一定要被轉移到她的丈夫的氏族中。像女子因古代宗教的婚姻，完全轉入到她丈夫之法律的及宗教的團體，而脫離她自己的團體這樣確實的事情，再也沒有了。誰不知道已結婚的女子是要解除她對於自己氏族之積極的與消極的繼承權，而加入到她的丈夫，她的子女及他的氏族之合法團體呢？而且假使她的丈夫當作子女把她收容於他的家族，她又怎能永遠脫離他的氏族呢』？（九——一一頁）

蒙森在這裏主張屬於某一氏族的羅馬女子，本來祇許在她們的氏族內有結婚的自由，所以照他看來，羅馬的氏族是族內婚，不是族外婚。這一種與其他一切民族的經驗相衝突的見解，雖不是完全，却有大半是基於李維（Livy）的最多爭論的一節而來。（第三十九卷第十九章）照這一節文字看來，元老院於羅馬歷五六八年卽耶穌紀元前一八六年，有如下的決議——uti Feceniae Hispallae datio, deminutio, gentis enuptio, tutoris optio idem esset quasi ei vir testamento dedisset; utique ei ingenuo nubere liceret, neu quidi ei qui eam duxisset ob fraudi ignominiaeve esset ——卽說：費凱尼亞歇斯巴賴（Fecenia Hispalla）將有權利處分她的財產，減少她的財產，在氏族以外結婚，選定保護人，好像她的（亡故的）丈夫已由遺囑把這個權利讓渡給她；又說：她將得被許可與自由人結婚，而在與她結婚的男子方面，這並不成爲一種惡行，或是一種恥辱。

在這裏，的確無疑義地，一個被解放的奴隸費凱尼亞獲得了在氏族外結婚的許可。又同樣無疑義地丈夫有權利可用遺囑將在他死後得在氏族外結婚的權利授給他的妻。但是在哪一個氏族外呢？

假若如豪森所主張，一個女子必須在氏族內結婚的，那麼在她結婚以後她當依然留在氏族之內。然這樣一來，第一須將族內婚氏族的這個主張有所證明。第二假若女子必須在氏族內通婚的話，那麼男子也當如此，因爲不如此他將不能結婚。於是我們可得一個結論，卽男子得將他自身所未有的權利遺贈給他的妻。這是一種法律上所不可能的事情。豪森也意識到此，所以又推想着：『氏族外的結婚，恐怕不僅需有遺言者的同意，還需有全氏族員的同意。』（一〇頁註）這不特是一個非常大胆的推測，而且也與這一節明瞭的語意相矛盾。元老院當作她丈夫的代理人，給她以這個權利；這所給于她的，顯然是比她丈夫所能給者既不多也不少。惟所給于她的，是絕對的不受一切制限的權利，所以她若利用這個權利，她的新夫也不致于爲此受到損害。元老院甚至訓令現在的及將來的執政官(Consuls)與大法官(Praetors)要注意不至有什麼不便之事會因她的使用這個權利而發生。故蒙森的推測是全然不能成立的。

還有，假定一個女子與別個氏族的男子結婚，但她仍留在她自己的氏族內。照上述的一節文字看來，那麼她的丈夫當有權利可以允許他的妻，在她自己的氏族外結婚。換句話說，他當有權利可以處置全然爲他所不屬的氏族的事務了。這乃是這樣的極端無理的事情，所以我們無再就此費詞的必要。

因之所剩下的，只有這樣一個推測，即女子當第一次結婚時，她與別個氏族的男子結婚，且就此成爲丈夫的氏族之一員。蒙森對于這些例子也承認這一推測。於是全篇事實就立刻明白了。因結婚而被她的舊氏族除外，被收容於她丈夫的氏族團體的女子，在新氏族中占有一個特殊的地位。她現在是一個氏族員，不過不是由於血緣的親族。她的加入新氏族的習慣，對於在她因結婚而加入的氏族內不許通婚的一切禁例，是從最初就排除的。她是被收容於氏族的家族關係中，且當她的丈夫死亡時，可以繼承他的財產，即一個氏族員的財產。這樣，這份財產仍留在氏族內，而且她負有與前夫同氏族的男子結婚而不與他人結婚的義務，豈不是最自然也沒有的事？但要是有例外發生，除出能遺贈他的財產給她的第一個丈夫之外，試問誰有權能給她以這樣的權利呢？在他遺贈財產的一部分給她，且同時允許她因爲結婚或當作結婚的結果把這一部分財產讓於異氏族的瞬間，他仍是這份財產的所有者，所以照字面地他可以處分他個人的財產。至於女子及她對于丈夫的氏族的關係，那是由他根據他的自由意志的行爲——結婚——把她介紹到他自己的氏族來的。所以他之成爲適當的人物，能給她一種因第二次結婚而得離開這個氏族的權利，似是十分自然的。要之，祇要我們一拋棄所謂族內婚羅馬氏族的荒謬的觀念，而接受摩爾根的本來是族外婚的見解，那麼問題就變爲簡單而明白了。

但前後尙有另一種見解，這恐怕是有最多數的人主張着的。照他們講，上述李維的一節文字不過是說：『被解放的女奴隸（Libertae）沒有特別的許可，不得在氏族外結婚(e gentɔ enubere)，也不得有任何種的行爲，這種行爲是與家族權的喪失(capitis d minutio minima)在一起，可使 Liberta 轉移到另一氏族中去的」。(朗格的『羅馬的古代人』(Lange, Romische Alterthumer, Berlin 1855, I. P. 185，爲上述李維的一節由引用胡栖凱(Huschke)的話以解說之處。) 如果這一見解是正確的話，那麼這一節文字，對于自由的羅馬婦人的關係，更沒有什麼證明；至於說她們負有在氏族內結婚的義務，尤其是沒有理由了。

enuptio gentis (在氏族外的婚姻)這種字樣，祇有在這一節中發現，此外在全部羅馬文獻中再也找不着 enubere (在族外去結婚) 這一詞，也同樣祇有在李維中發見三次，而於氏族是無關係的。那種說羅馬婦人不能不在氏族內結婚的空想，祇有從這一節文字中獲得牠的存在。但牠不能絕對的維持。因爲這一節若是說到被解放的女奴隸之特別制限，則於自由的婦女 (ingenuae) 並沒有證明什麼。否則，牠若也可應用于自由婦女的，那麼倒是證明女子通常是在氏族以外結婚，且因她們的結婚而轉移於她們丈夫的氏族。這便將成爲摩爾根反對蒙森的要點了。

差不多在羅馬建設之後的三百年間，氏族的約束還是非常堅固，故稱爲費邊（Fabians）的一貴族氏族，能得元老院的許可，獨立地對隣近都市維愛（Veii）作戰。據說有三百〇六個費邊人上陣，爲伏兵所殺。只有一個男孩遺留下來以繁殖這個氏族。

我們說過，十個氏族形成一個大氏族，叫做庫里亞。牠被賦與以比希臘的大氏族更重要的職能。每一庫里亞有牠自己的宗教儀式，禮拜所及僧侶。這一庫里亞的僧侶的全體構成爲羅馬僧侶團之一。十個庫里亞成爲一部落，她恐怕與其餘的拉丁部落相同，本來有牠自己選擧的元首——軍長兼高等僧侶。三個部落一起合成爲羅馬民族卽 Populus Romanus。

故屬於羅馬民族的人，一定要是羅馬氏族的一員，且由此成爲庫里亞及部落的一員者才可。羅馬民族最初的制度如下。公共事務由元老院處理；元老院，如尼布爾(Niebuhr)所最先正確地敍述，是由三百個氏族之長構成的。因爲他們都是氏族的長老，故他們被稱爲父(patres)，而全體則被稱爲元老院 Senatus (長老的協議會，由老年 Senex 而成)。他們從氏族的同一家族被選出的慣習，在這裏也就發生了最初的世襲貴族。這些家族被稱爲貴族 (patricians)，且要求有對于元老院議席及其他一切官職獨占的權利。民衆隨時代的進行，承認這個要求，因之牠就成爲現實的特權之事實，是由羅繆拉斯(Romulus)予貴族的身分及其特權於最初的元老院議員之傳說證明的。元老院，如雅典的部爾 (boule)，必須在許多事情上作最後的決定，對于較重要的事項，特如制定新的法律，又須有預備的討論，然後，由所謂 comitia curiata (庫里亞會議) 的民會決定之。民衆在庫里亞集合，大概是依氏族分團，表决之際，三十個庫里亞各有一權。庫里亞會議通過或否決一切法律，選舉連 rex (所謂王) 在內的一切高級官吏，宣告開戰(然講和歸元老院)，又當作最高法院，制決一切起訴的案件，包括對于羅馬市民的死刑的宣告。最後在元老院及民會之外，尚有勒克斯（rex）存在，他與希臘的巴西留斯(basileus)相當，可決不是有如蒙森所述爲近於專制的王者。(註) 勒克斯又是軍長，高等僧侶及某種審判上的審判長。他除由軍長的統制權及審判長的判决執行權所賦與的權力以外，再沒有別種機能，也沒有對於市民之生命，自由及財產的任何權力。勒克斯的職位不是世襲的。反之，他恐怕是由前任勒克斯的提議，經庫里亞會議選出然後由第二回會議正式任命。他之也得被罷免，可於塔克文尼阿斯蘇必布斯（Tarquinius Superbus）之運命證明之。

〔註〕拉丁語之 rex 等於克勒特愛爾蘭（Celtic-Irish）語之 righ(部落長)及哥德（Gothic）語之 reiks 。他之猶如日耳曼語的王侯 Furst （即英語之 First ，丹麥語之 Forste ，皆爲第一人之意），本來意爲氏族長或部落長，可由哥德人在第四世紀已有對於爲全民族之軍長即後世之王的特別名詞即 thiudans 證明之。在烏爾費拉（Ulfila）所翻譯的聖經中，决不稱

Artaxerxes 及 Herod 爲 reiks，而稱爲 Thiudans，又不稱 Tiberius 皇帝之帝國爲 Reiki 而稱爲 Thiudinassus 。對哥德語之 Thiudans（我們不正確地譯爲王）Thiudareiks（Theodoric 即日爾曼語（Dietrich）的名詞，兩者是結合的。

如在英雄時代的希臘人一樣，在所謂王政時代的羅馬人，也生活於一種軍事的民主主義之中，這種軍事的民主主義是以氏族，大氏族及部落的組織爲基礎且由此以發達的。縱令庫里亞及部落有一部分是人工的形成，但牠們也是按照爲牠們所由發生且尙在各方面圍繞着的那種社會之眞正的自然發生的模型而造。又縱令强固的 patrician 貴族已經獲得地盤，縱令勒克斯們企圖徐徐地擴張他們的權勢——一切這些事情並不改變制度之原來的根本特徵，而且只有這個根本特徵，才是要件。

其間羅馬市及因戰勝而擴大的羅馬領土之人口，半因移住民，半因被征服區域——大部是拉丁諸國的——之住民而增多。一切這些新的歸屬者（這裏暫置被保護民 clients 不論），皆立於舊氏族，庫里亞及部落之外，從而不成為 Populus Romanus 即本來羅馬民族之一部分。他們在人格上是自由人，得占有土地，且負有納稅及服兵役的義務。但他們沒有資格就官職，無論是參加庫里亞會議或分配到被征服的國有土地，也皆不可能。他們形成為從一切公共權利除外的民衆即 plebs（平民）。然由於繼續不斷的人數的增加，由於軍事的訓練及武裝，他們却成為對於如今頑固地拒絕一切新要素的舊國民（populus）之一種威嚇。所以土地似乎已在國民與平民之間平均分配，而商業與工業之富，雖然尚不算十分發達，或許也已有大半是握在平民手中。

為了包圍羅馬傳說的全部原始歷史之大黑暗——因後世受過法學教育的著作家對這問題作合理主義的過於舖張揚厲的解釋與報告而更增劇的黑暗——要對那推翻古氏族制度的革命之時代，經過與動機，有任何確實的敍述都變為不可能。我們所能確知的，不過是革命的原因是起於平民與國民間的鬥爭罷了。

說是由勒克斯塞維阿塔力阿(Servius Tullius)所制定，根據希臘模型特別是梭倫的所生之新制度，創設了一個新的民會，牠是不問國民或平民，祇問是否担任兵役而定參加或除外的。服兵役的全部人口，按照財產分爲六個階級。前五階級之最低財產爲：第一，一〇〇、〇〇〇阿司（ass）；第二，七五、〇〇〇阿司；第三，五〇、〇〇〇阿司；第四，二五、〇〇〇阿司；第五，一一、〇〇〇阿司；據都梭得拉馬爾（Duseau de la Malle）說，這些數目約各等於三、一五五元，二、三三三元，一、五五五元，八〇〇元及三八八元美金。第六階級，普羅列搭利亞，是由那些財產更少而免除兵役及租稅者組成的。在這個森都里亞（centuriae）的新民會(com tia centuriata)中，市民每百人組織軍隊格式的隊伍（森都里亞），每一森都里亞有一票表決權。這樣，第一階級出八十森都里亞，第二階級出二十二，第三階級出二十，第四階級出二十二，第五階級出三十，而第六階級爲體面計，也出一個。此外還有由最富裕者所組成的十八森都里亞的騎兵。合計起來，共有一百九十三個森都里亞，過半數爲九十七票。現在單單騎兵及第一階級總計便有九十八票。因爲他們占多數，所以他們祇要一致，就不必徵得其餘階級的同意；自可作成任何有效的決議。

這一新的森都里亞會議，取得以前庫里亞會議的一切政治的權利，僅有少數名義上的特權除外。庫里亞及構成牠們的氏族，如今已降落爲單單私的及宗教的團體，與雅典的原型相似，且這樣地存在了許久。但他方面庫里亞是立刻就消滅的。又爲驅除三個舊部落計，有四個地方的部落新行設立。每一地方部落分占羅馬市之四分之一區，且有許多政治的權利。

故這樣卽在羅馬，也已在所謂王政廢止以前，把基於血統關係的舊社會秩序破壞了。一個基於領土區分及財產差別的新制度起而代之，且現實地創立了國家。公共的强制權力在此是握在有服兵役義務的市民之手，他們不僅用這權力以反抗奴隸，也且反抗從兵役及武裝被除外的所謂普羅列搭利亞。

在已篡竊現實的王權之最後一個勒克斯塔克文尼阿斯蘇必布斯被放逐以後，這個新的制度更因設置兩個有同等權力的軍長（consuls），也可與易洛魁人的習俗相比類的辦法而益進步。全部羅馬共和國的歷史即在這一個制度的內部進行：貴族與平民為就官職與分配國有土地而不斷地鬥爭，貴族階級終於發達。為大土地及貨幣所有者的新階級，這一新階級逐漸吸收因兵役而致荒廢的小農的土地；役使奴隸去耕種這些廣大的新的所有地；因此減少了意大利的人口，不僅為帝國的暴君作先導，也且為他們的後繼者日耳曼蠻人開門路。

第七章　在克勒特人及日耳曼人間的氏族

對於今日在蒙昧與野蠻民族間，以多少純粹的形態尚存在的氏族制度，或在亞細亞文化民族的古代歷史中所發見的這種氏族制度的痕迹，因限於篇幅，不及詳細討論。但這種或那種的形態，是到處可以遇到的。現在試舉數例以明之：當氏族的存在尚未被認知以前，曾有爲誤解牠而費最大努力的人，即馬克楞南，就卡爾馬克人（Kalmucks），塞加西安人（Circassians），薩摩耶人（Samoyeds）以及華拉耳人（Warals），馬格爾人（Magars），莫尼坡爾人（Munnipurs）之三印度民族，指出氏族的存在，且在大體上也算敍述正確。最近有科瓦勒勿斯基（M. Kovalevsky）在北齋胡人（Pshavs），顯胡穌人（Shevsurs），斯伐納人（Svanets）及其他高加索部落間有所發見，且加記述。在這裏，講到在克勒特人及日爾曼人間氏族之存在的，僅有二三種簡短的註解。

今尙保存的最古克勒特人之法律，仍可說明全盛時代的氏族。這在愛爾蘭，當英吉利人用暴力排除之後，今尙未能地生存於民族意識之中。在蘇格蘭，當十八世紀中葉以前，還是全盛，而且牠也僅受英吉利人的武器，卽法律與法庭之屈服。

在英吉利人侵入以前的數世紀，至遲也當在十一世紀所制定的古代威爾斯法律，雖然祗能算是例外的當作以前一般的慣習之遺物，但依然能說明全村落之共同耕作。每一家族有供自己專用的五英畝(acre)地；此外另有一定的土地，須共同耕作，收穫物則分配於各家族。此等村落團體之爲代表氏族或氏族的分支，雖因詳審威爾斯法律——我因沒有時間，不能從事(我的註解是一八六九年的)——未足直接證實，但因愛爾蘭及蘇格蘭的類推，當無可疑之餘地。而由威爾斯及愛爾蘭法律所能顯然證明者，爲在十一世紀的克勒特人中間，對偶婚實尙未爲一夫一妻制所驅逐。在威爾斯，婚姻經過七年之後，才成爲不可解除。倘使滿七年僅僅只差三夜，夫妻還是可以分離的。那時他們的財產被劃分：妻主持劃分之事，夫則任選其中之一份。家具是按一定的非常有趣的規則畫分的。如果由夫提議離婚時，他須將妻的結婚禮物及其他二三種物件還給她；反之如果妻願意離婚時，她當少得一點東西。如有三個子女，夫取其二，妻取其一，即是第二個。妻若在離婚之後另外結婚，而她的前夫要求她復歸時，即使她已把一脚踏上新夫的床，也須順從前夫的要求。但若二人已同居七年之久，即使以前並未正式結婚，也算爲夫妻。至結婚以前的少女的貞操，是決不嚴密監視，也毫不要求的。關於這一點的規定，是具有非常輕佻的性質，而與文明人的道德相衝突的。妻犯通姦時，夫有毆打她的權利——這是三種情形中之一種，他可以應用而不受罰——但除此以外，他再不能有別的要求，因爲『對於同一罪行，或者可以要求賠償，或者可以要求報復，但不得同時兼行。』得使女子提起離婚而無損於她的對於公平解決的請求權之理由，是非常廣汎的：只要男人身有臭息，便很充分。爲贖回初夜權所付於部落長或王的賠償費（gobr merch 以後就有中世的名字 Marchetad，法蘭西語 marquette），在法典上是盡很大的作用的。女子在民會中有投票權。除此以外，在愛爾蘭，有同樣的狀態可以保證；那裏一時的婚姻也是十分通行，妻當離婚時有寬大的精密規定的特權，甚至得要求對於家內服務的報酬；『正妻』與其他之妻並存，無論是嫡出子或私生子，皆無差別地得接受他們的亡父的財產——我們於克勒特人間可見對偶婚的容態。北美印第安人的婚姻形態和克勒特人的一比較，似乎來得嚴格，但要是我們記住克勒特人當凱撒時代還生活在集團婚姻中的事實，便不足為奇了。

愛爾蘭的氏族（即 Sept；部落稱為 Clainne，Clan）不僅由古代法典所證實記載，且也為十七世紀的英吉利法學家，因改變氏族地為王家領土而被派遣者所證實記載。在十七世紀之前，除出已由首領仍據為私有以外，土地是氏族共同的財產。當氏族員死亡，從而家屬消滅的時候，氏族長（英吉利法學家名之為 caput cognationis）對於其餘的家屬，重行分配全部領土。這種土地的畫分，大概當依照在日耳曼所行的規則。約在五十年之前，村落共有地還極普通，而有幾種所謂朗得爾（

Rundales)的制度尚得在今日見到。一朗得爾的農民，即以前屬於氏族所共有而後被英吉利的征服者所掠奪的土地之各個佃農，對於各自的小塊土地須納租金。但他們全體把土地合併，按照地位及土性爲之分配。此等小塊土地，在日爾曼的莫級爾(Mosel)河地方稱爲『格完納』(Gewanne)，是由共同耕作，而將收穫物平均分配的，沼地及牧場皆公共使用。五十年之前，新的畫分依然時時舉行，有時每年舉行。這樣朗得爾村落的耕作地圖，看來極似在莫級爾河或在赫喜華爾特(Hochwald)的日耳曼之『給海伏雪夫脫』(Gehoferschaft 耕作自治體)，氏族也在"factions"(徒黨)之中殘存着。愛爾蘭的農民常常分成黨派，一見似在極端背理或無意識的差別上成立，而爲英吉利人所全不了解的。此等徒黨之目的，顯然似只有互相爭鬥。牠們是破滅的氏族之人工的復活，新式的代用物，表示舊有氏族本能之繼續存在者。此外在有幾處地方，氏族員尚集居在他們舊有的領土。故如在一八三〇年代，摩那安(Monaghan)舊州的住民之大多數尚祇有四個家族名，換言之，即僅由四個氏族

或部落（clans）所傳下者。（註）

（註）第四版之註解。　在愛爾蘭經過的數日間，我得更瞭然於鄉村人民是如何的尙在氏族時代的觀念中過活。以農民爲借地人的大地主，尙占有一種與氏族長相類的地位：他爲一般人的利益必須管理土地的耕作，他從農民身上得以租金的形態獲得貢賦，但當農民遇困難時他也必須援助。同樣一切富裕的人，當他的窮困鄰人有急需時，也認爲是有保護他們之義務的。這種救助却不是慈善，而只是貧困的氏族員之特權，而爲富的氏族員或氏族長所必須重視的。這便可以解釋爲什麼經濟學家及法學家要訴說向愛爾蘭農民灌輸近代私有財產之觀念爲不可能了。只有權利而無義務的財產，是絕對不能爲愛爾蘭人所理解的。而爲什麼有這許多的愛爾蘭人，他們忽然投身於英國及美國的大城市中，生活在道德觀念與法律觀念全然不同的人羣中，便絕望於道德及法律，喪失了一切定見而容易墮落，也就沒有什麼

希奇了。

蘇格蘭氏族制度的顚覆是從一七四五年暴動鎮壓的時候起。至於蘇格蘭的克蘭(clan)代表這一制度的哪一環，尚待研究；只是牠爲制度中之一環是無疑的。在窩爾忒司各脫(Walter Scott)的小說中，可看出這個蘇格蘭高地的克蘭之生動的描寫。這有如摩爾根所說，是『在組織上及精神上氏族之優秀的模型，氏族生活對於氏族員支配之顯著的實例。……我們在他們的爭鬭及復仇上，在由克蘭的領土分配上，在共同的土地利用上，在克蘭成員對於首領及相互間的忠誠上，得以看出經常的永存的氏族社會之特點。………血統由男系追溯，故男子的子女仍留爲克蘭的成員，而女子的子女則屬於他們各個父親的氏族。』然以前在蘇格蘭曾行過母權制的事實，由批克脫(Picts)的王室家族可以證明，據柏達(Beda)講，他們是奉行女系繼承的。不但如此，卽普那路安家族的遺跡，也如在威爾斯一樣，是被保存在蘇格蘭。因在中世紀以前，克蘭的長或王，當作從前共同之夫的最後代表者，有對於每一新娘行使初夜權的權利，除非已納過贖身金才得除外。

日耳曼人直至民族大移動以前，是爲氏族的組織，乃是無可疑的事實。他們在耶穌紀元前數世紀的時候，顯然是住於多腦河（Danube）萊因河（Rhine），維司杜拉河（Vistula）及北海一帶的地域。辛布賴人(Cimbri)及條頓人（Teutons）那時尚在大遷移中，蘇埃比人（Suebi）直到凱撒的時代才找得固定的住所。凱撒明白地說過：他們是各以氏族及親族(gentibus cognatibusque）移植的；又從一個屬於朱里亞(Julia)氏族的羅馬人所說，這個 gentibus 的名詞具有不可打消的確定的意義。這對于全體日耳曼人都能通用。而且他們由羅馬人那裏所得到的各州，也似分成氏族以移住。阿勒曼尼人(Alemanian)的法典證實這個民族以血族（Genealogiae）的組織移住於多腦河以南的征服地。這所謂 genealogiae 一語，正與後來的Mark——或 Darfgencssenchaft（馬克共同體或村落共同體）有同意義的用法。科瓦勒勿斯基近來主張此等 genealogiae 是大的家屬共同體，土地在其間分配，以後的村落共同體由此以發展。同樣的事情，對於 fara 這一名詞，也可適用；這一語之於勃艮第安人(Burgundians)及蘭哥巴帶人(Langobards)——從而對於哥德部落，赫米諾尼安(Herminonian)部落或高地日耳曼部落——與阿勒曼尼人法典上的genealogiae雖不是全與相同，却也相差無多的。惟究竟這是氏族還是家屬共同體，尙待詳細的研究才能决定。

到底全體日耳曼人有否表示氏族的共通言語，這一名詞又是什麼，言語的記載並未讓我們淸楚知道，却讓我們發生疑問。就語源方面來說，哥德語之 kuni，中部高地日耳曼語之 kuune，是與希臘語之 Genos，拉丁語之 gens 相符合，且以相同的意義在使用的。我們用那表示『女性』的名詞，即從同一語根化生的——希臘語之 gyne 斯拉夫語之 Zena，哥德語之 qvins，古代斯干狄那維亞語之 Kona，Kuna——可以囘溯到母權制的時代。

在蘭哥巴帶人及勃艮第安人中間，已如前述，我們看到由格里姆(Grimm)從假定的語根 fisan（產生）所引伸的 fara 這個名詞。但我爲要稱呼那十分自然地由親族構成之強固的移動隊的一枝隊，甯願把牠追溯到更明瞭的語根 faran（日耳曼語之 fahren，馳驅或移動）。從西到東又從東到西地這樣移動幾百年的結果，這一名詞就漸漸地被應用到血族團體的本身上來了。

更有哥德語之 sibja，盎格魯撒克遜語之 sib，古代高地日耳曼語之Sippia，sippa，高地日耳曼語之 sippe。古代斯干狄那維亞語，僅有複數的 sifjar（親族）；其單數祇當作女神之名卽 Sif 而存在。

最後，另有一語在喜爾得布蘭之歌（Hildebrand Song）中發現，那裏喜爾得布蘭問哈特勃蘭(Hadubrand)『在民衆的男子之中誰是你的父親……或你的血族是什麼？』(eddo huellihhes cunosles du sis)

假使有表示氏族的共通日耳曼語，那恐怕是哥德語之 Kuni 了。這不僅因爲與相應的親族語的名詞相一致，也且由於這樣的事實，卽Kuning（日耳曼語之 Konig，英語之king）這一字是由牠化生，本來皆指氏族或部落之長而言的。sibja（日耳曼語之 sippe 親族）似乎沒有攷慮的必要。至少，在古代斯干狄那維亞語的 sifjar，不祗是由於血統的親族的意義，而也有由於婚姻的親族的意義；所以牠至少包括兩個氏族的成員，而 sif 這一名詞就不能應用爲表示氏族自身了。

日耳曼人也同墨西哥人及希臘人一樣，在戰鬥隊伍上，要按氏族團體以編制騎兵及步兵之楔狀縱隊。塔西佗說過『由家族及親族別』的不確實的言語；這可用如下的事實來說明，即當他那時候，氏族之在羅馬早已不復成爲有生命的團體了。

塔西佗的另外一節文字，却是決定的。他說：『母親的兄弟把他的甥看做他的兒子；有些人甚至主張母方的叔父與甥的血之紐帶比父子之間的更要神聖而密切，所以當要求以人做抵押品時，姊妹的兒子比起那在受約束的男子自身的兒子還要認爲更好的保證。』在此，我們有了母權制的，因而是自然的氏族之確證，且當作日耳曼人之特徵而被記述。（註）假使這樣的氏族的一個成員把他的兒子爲實踐誓約起

第七章　在克勒特人及日耳曼人間的氏族

兒作爲抵押品，且這個兒子當他的父親違背誓約時候須成爲犧牲品，那也不過是父親自身的事情。但若所犧牲者爲姊妹的兒子，那就算侵犯了最神聖的氏族之權利；那負有保護少年或青年的義務之最近的親族要對於他的死負起責任：他不是不應當把少年抵押，便應當嚴守契約。如果我們于此以外，不復有其他在日耳曼人間的氏族制度之痕迹，那麼就祗這一節也可成爲有力的證據了。

（註）在許多民族間所見到，由母權制時代所生成的在母方之叔父與甥間的紐帶特別神聖之性質，希臘人僅能在英雄時代的神話中知道。據帶奧多刺斯（Diodorus）第四卷之三十四，麥勒格羅斯(Meleagros)殺死忒斯的烏斯（Thestius）之兒子們，忒斯的烏斯是他的母親阿爾提亞（Althaia）之兄弟。阿爾提亞認這種行爲是極重大的犯罪，所以她呪咀那個兇手，就是她自己的兒子，而且祈求他的死。『據說神們應了她的願望，終止了麥勒格羅斯的生命。』又據帶奧多刺斯第四卷之四十四，由希拉克勒（Herakles）所

率領的阿哥遠遊隊（Aagonaut）等上了色雷斯（Thracia）的陸地，在那裏發見有菲內烏斯（Phineus）這個人，聽了第二個妻子的教唆，把由他離棄了的第一個妻波里阿特家之克來與巴特拉（Boread Kleopatra）所生的兩個兒子，無廉恥地予以虐待。然在阿哥遠游隊之間，也有波里阿特家的人，即克來與巴特拉的兄弟，也就是被虐待者的孩子們的叔父。他們立刻保護他們的甥，釋放他們，且殺死他們的看守者。

但在古代斯干狄那維亞的詩歌『神們的曙光』與『世界之沒落』即 Volsupa 中，另有一節，因爲是八百年之後的作品，故可爲更有力的證據。在這個『預言者之幻想』中，即爲近來邦格（Bong）與部革（Bugge）證明基督教的要素業已存在，且描寫那引起大收場的一般的墮落與頹廢之時代的處所，有着如下的一節：

Broedhr munu berjask ok at bonum verdask
Munu systrungar sifjum spilla.

『兄弟們將互相爭鬪而且互相殺戮，姊妹的兒子們就要破壞血族的約束。』Systrungar 意爲母親姊妹的兒子，在詩人眼中看來，血緣的否認比了兄弟的互相殺害還要罪大惡極。其所以爲重罪，是由于注重母方親族關係的 Systrungar 這一語。倘若有 Syskina-born（兄弟姊妹的子女）或 Syskina-synir（兄弟姊妹的兒子）的名詞已被使用的話，那麼將有更輕微的影響，而不是大罪惡了。這就表示雖在作成 Voluspa 的海賊（Vikings）時代，在斯干狄那維亞的母權制之回憶，尚未見消滅。

然在爲塔西佗所熟知的日耳曼人間，母權制則已爲父權制所替代。子女由父親繼承；如無子女時，由兄弟及雙方的叔父們繼承。而許容母親的兄弟繼承這一事，實爲母權制的遺物，且可證明父權制在當時的日耳曼人間只是新近才採用的。母權制的形迹，一直遲至中世紀，還在保存。這彷彿表示雖在那個時期，一般人，特別是農奴，尚對于父權制懷着疑問。因當領主要求逃亡的農奴由都市送回的時候，例如在奧古斯堡（Augusburg），巴塞爾（Basel）及凱撒斯勞騰（Kaiserslautern），最先所要求者，即被告之農奴身分，當由他的最近親的六個血族關係者，而且須屬于他的母親方面的血族的，宣誓以求確認。（馬婁的「都市制度」Maurer, Stadtever-fassung, I, page 381.）

另一種表示趨于衰滅的母權制的遺物，是（從羅馬人的看法）幾乎不可理解的日耳曼人對于女性之尊敬。貴族的處女被認爲與日耳曼人結契約上最安全的担保品。當戰爭時，最能鼓舞他們的勇氣的，無過于他們的妻女萬一被捕而成爲奴隸之可怕的思念，除此以外，再沒有別的可與並論。女子之於他們，是神聖的，能預言的；在最重要的事情上，他們還須聽命於她。例如在立貝河（Lippe）畔布剌克忒賴人（Bructerian）的巫女維萊達（Veleda）是巴達維亞人（Batavians）暴動之指導的精神，在這一暴動中，雪外力斯（Civilis）立在日耳曼人及比利時人的前面，竟把在高盧（Gaul）的羅馬人的基礎搖動了。女子在家庭中，也據有不可抗的支配權。照塔西佗說，因爲男子要獵獸，飲酒，遊惰，故她們和老年及小孩在一起，必須担任一切的工作。惟他不曾說明誰負耕作之責，可據他的明白敍述，奴隸也只繳納租稅，並不强制勞動；故看來成年男子是必須盡土地耕作上所需要的那一點勞動的了。

婚姻的形態，如前所述，是逐漸過渡到一夫一妻制的對偶婚。這尙不算嚴格的一夫一妻制，因爲富有者之一夫多妻制還被容許。少女的貞操，在大體上，很受重視，這是與克勒特人的慣習不同的。所以塔西佗又用特別的熱心，說及日耳曼人間婚姻約束之神聖。他祇舉出女子的通姦，就成爲離婚的理由。然他對於這一問題的報告，有不少的缺點，而且爲告誡淫蕩的羅馬人，也太誇張着道德的龜鑑了。僅僅如下列的事，是確實的：卽日耳曼人在森林生活中，縱能算是例外的道德規範，但祇要與外界有一點接觸，便儘夠使他們墮落到與一般歐羅巴人同等的地位，純潔的道德之最後痕迹，在羅馬人生活的世界中，竟比日耳曼語還要消滅的快。這個祇須一讀都爾(Tours)的格列高里(Gregorius)就能明白。在日耳曼人原始的森林中，沒有過像在羅馬的那種奢侈淫樂的生活，自是顯然的事。故在這一點上，明見日耳曼人確有比羅馬人社會優越的處所，而我們也就無須爲他們加上那種爲任何民族從來所無的品性即所謂節制與貞操。

氏族制度的結果，生出繼承父的與親族的仇敵關係乃至友愛關係之義務。還有對於殺戮或傷害，向用報復手段者，今以罰金(Wergeld)賠償的習慣代之。三十年之前，這種罰金認爲日耳曼人特有的制度，但如今知道有數百民族已經採用了對於氏族復仇之這種緩和的形態。我們於美洲印第安人中，見有此種情形，正與接待客人的義務相同。搭西佗所記述之款待客人如何奉行的風習(Germania chap. 21)是與摩爾根所記述者幾乎完全一致。

在搭西佗當時，日耳曼人是否已將耕地作最終的分配，又關於這一問題的經過該如何說明，像這種熱烈而無終局的論爭，如今已是過去的事了。事實的確定有如下列的情形：差不多一切民族之耕地是由氏族以後又由共產主義的家族團體共同耕作的——這是凱撒在蘇埃比(Suebi)人間所見到的慣習；當作這種慣習的結果，土地要定期的重行分配；又這種耕地之定期重行分配，在日耳曼，直至今日尚在保存——有了這種證據，我們就無用再就此事費詞了。在一百五十年間，從共同的土地耕作——有如凱撒就蘇埃比人所明白記述的——過渡到把土地每年重行分配的個別耕作——有如搭西佗就日耳曼人所見到的——實足以稱爲充分的進步了。在這樣一個短促的期間，而且沒有何等外界的干涉，要由這一階段更過渡到土地之完全私有，當有絕對不可能的意味含在裏邊。因此我祇能從搭西佗讀他所記述的這些話：他們每年改變（或重行劃分）耕地，另有充分的地留作公共使用。這是土地耕作與土地占有的階段，正與日耳曼人當時的氏族適相符合的。

上面的一節，我仍照舊版未曾改動。但其間問題的中心却變了。自從科瓦勒勿斯基證明當作母權制共產主義的家族與近代孤立的家族之中間階段的家長制家屬共同體差不多到處存在以來，問題已經不復是如在馬婁與惠玆（Waitz）間所討論的『共有財產或私有財產？』而是『共有財產之形態如何』了。當凱撒時代，蘇埃比人不僅是他們的土地之共同所有者，也且是共同耕種那土地的：這是什麽疑問也沒有的。祇有這些問題，即經濟單位是氏族，或是家屬共同體，又或是兩者之間的共產主義的集團，更或者因爲各地的情勢，同時有三種集團存在，或許還成爲長期的爭論。科瓦勸勿斯基的主張，則以爲由搭西佗所描寫的狀態，不見於馬可共同體或村落共同體，却見于家屬共同體，這家屬共同體一直到了後來，始因人口的增加而發達爲村落共同體。

是以日耳曼人在當羅馬時代所占領的領土上及後來從羅馬人所奪取的領土上之移住，當不是由村落而成，而由包括許多世代的大家族共同體而成，這一大家族共同體耕種足夠的土地，又和他們的鄰居共同利用四周的荒地。如果情形確是如此的話，那麽搭西佗論及耕地改變的一節，實際上當具有農學的意義；即共同體每年耕種一塊不同的土地，上年的耕地不復耕用，或竟全然歸於荒蕪。因爲人口稀少，所留有的廢地當有許多，即不必爲土地占有而發生一切爭論。然至數世紀之後，因家屬共同體的人口增多，以致共同耕作不能與當時的生產狀態相容，于是家屬共同體就被崩壞。以前共有的耕地及草地，就用一般知道的方法，分配給如今業已成就的各別的家族。這種農地的分配當初是定期的，後來是永久的；而森林，草原及沼地依然是共有的財產。

這一發達的過程，用歷史的攷察，似在俄羅斯方面已完全實證的。至在德意志及其他日耳曼諸國，這個見解比之追溯村落共同體到搭西佗時代的見解，要在許多點上提供更好的歷史資料之解釋，且更容易解決難點：這是不容否認的。例如最古的文書即羅來斯哈蔓西斯之法典(Codex Laureshamensis)用家屬共同體來解說，就比用村落共同體來解說要容易的多。在他方面，新的困難現在發生，新的問題也自行提出有待解決。要獲最後的結論自當靠新的研究。但我不能否認家屬共同體之中間團體，實有很多的蓋然性。

在凱撒時期的日耳曼人雖然一部分剛得着確定的住所，一部分尚在探尋，但在搭西佗的時代，他們已住定足有百年之久了。其結果，在必需品的生產上自有顯然的進步。他們住在木屋中，衣服還是森林時代的原始式樣，用粗末的羊毛外套，獸皮，女子及貴人則用麻的下衣。他們的食料是乳，肉，野生果實及普林尼（Pliny）所附加的燕麥之粥——是在愛爾蘭及蘇格蘭地方的克勒特人的普通食物。他們的財富是由較劣種的家畜所成。牛是小而難看，沒有角；馬是小駒，不能騎乘。貨幣祗有羅馬通貨，難得使用。他們並不作金銀的裝飾，也不重視這種金屬。鐵不多，至少在萊因河及多腦河畔的諸部落間是只有輸入，而沒有自己開採的。魯納（Runen）文字（模仿希臘及拉丁文字者）僅用作暗號，且專供宗教的巫術用的。人身的犧牲還在流行。要之，他們是一種纔由野蠻中期進于上期的民族。但與羅馬人直接接觸的諸部落雖因為便於輸入羅馬的工業生產物，所以妨礙了他們自己的金屬及紡織產業之發達；而在東北部巴爾的海岸的諸部落，卻確有此類產業之發達。在什列斯威（Sleswick）的沼地所發見的武器之斷片——長的鐵劍，鎧甲，銀兜，等等，及第二世紀之終的羅馬鑄貨——及因遷徙而分布的日耳曼金屬器，卽使有些本是模仿羅馬的型式以製造的，却都代表一種有更優秀技巧的特殊體裁。除英國以外，凡移住到文明化的羅馬帝國的，到處都消滅了這種的家庭工業。至于同時這種產業是如何的發生而發展，可舉青銅的金物爲例以表示之。在勃艮第（Burgundy）羅馬尼亞及在阿索和（Asow）海岸所發見的標準，或許是和在英吉利或瑞典所發見者由同一工場中製造，而且無疑地是起源于日耳曼的。

日耳曼的制度也與野蠻的上期相適應。據搭西佗說，領袖（principes）的協議會一般地決定輕微的事件，但重大的事件須先審議然後交給民會去決定。就我們所知在野蠻下期的民會，例如在美洲印第安人間的，是僅由氏族舉行，不是由部落或部落聯盟舉行的。和平之長(principes)依然和作戰之長（duces）有嚴重的區別，正像在易洛魁人間一樣。和平之長已有一部分是靠氏族員的榮譽的寄贈物如家畜穀物等以過活。他們有如在美洲的，大概由同一家族中選出。向父權制之過渡，如在希臘及羅馬然，使官職由選舉而漸變爲世襲。因此在各氏族中漸漸地產生了「高貴的」家族。這些世襲的貴族，大多數在氏族遷徙中或不久之後即趨于沒落。軍事的領袖是全視他們的能力當選的。他們的權力非常微弱，且必須依靠先例以行動。至于軍隊中真正的統制權，有如搭西佗所明說，是由僧侶們把持的。民會是現實的權力機關。以王或部落長主席。由民衆決定。否決時口出怨言，贊成時用喝采及鳴武器。民會同時是個審判法庭。訴訟在此提出在此判決，死刑也在此宣告。祇有卑怯，反叛及不自然的肉慾才處死刑。氏族及別的小分族也在領袖主席之下，由全體作成判決，這一領袖在一切日耳曼原始的審判上，祇是審理的指揮者及訊問者而已。在日耳曼人判決這件事，是從開始以來，又在各處都由全體的名義以宣告的。

部落的聯盟，自從凱撒時代以來，就存在了。有幾個且已有王。最高的軍長，如在希臘人及羅馬人間的一樣，已開始謀做篡竊者，有時也能達到目的。這種成功的篡竊者決不是絕對的統治者。但他們固已開始破壞氏族的約束。被解放的奴隸因爲不能做氏族的成員，故大體僅居低微的地位，惟新王的寵幸者常能獲得地位財富與榮譽。同樣的事情，當如今已成爲大國之王的那批軍事領袖征服羅馬帝國之後，也會發現。在法蘭康（Frankons）人中，王之奴隸及被解放者，起初在宮廷，以後在國家皆是重要的脚色。大部分的新貴族是由他們出身的。

有一種制度是特別促成王政之出現的——是隨兵（military following）。我們已知道在美洲紅色人中，私戰的團體是如何的在氏族之外，獨立形成。這種私的團體，在日耳曼人間，已發展爲常設的團體。已博得名聲的軍長，集合一群喜歡掠奪的青年在自身的周圍。他使他們宣誓負有個人的忠誠之義務，他自己也向他們宣誓。他扶養他們，給他們禮物，並按階級的原則組織他們。臨時對付及小的出征用衛隊及部隊，大的出征用熟練的軍官隊。此等隨兵一定是很微弱的，事實上後來在意大利鄂多瓦（Odoaker）麾下的他們，我們曾見是如此的，而且他們還是古氏族自由崩壞的先兆，當民族遷徙中及其以後的事情，又證明他們是害惡的先驅。因爲第一，他們促進王權的生長。第二，如搭西佗所確證，他們僅能由不確的戰爭及掠奪才得以維持。刼掠成爲他們終身的目的。假使在附近無事可做的時候，隨兵的隊長就率領部下，侵入到有戰爭可起有戰利品可得的別個民族中去。在羅馬旗下甚至對日耳曼人作戰的日耳曼援軍，有大部分是由此等隨兵編成的。爲日耳曼人之恥辱與禍患的傭兵制度（Landsknecht profession）已於此下了最初的胚種。當征服羅馬帝國之後，此等諸王之隨兵，與非自由人的羅馬之宮廷使臣，都成爲日後貴族的另一部分。

于是就全體看，聯合爲民族的日耳曼部落中，有與在英雄時代的希臘人及所謂王政時代的羅馬人中所已發達的相同的制度存在：卽民會，氏族長協議會及企圖獲得現實王權的軍長。這是氏族秩序所能產生的最高的制度，是野蠻上期的模範的制度。倘使社會越過了爲這一制度所滿足的限界時，那麼氏族的秩序就告終結。牠崩壞了，而國家代牠以起。

第八章　在日耳曼人間國家之形成

據搭西佗說，日耳曼民族的人口是極多的。關於各個日耳曼民族人口之概略的觀念，可由凱撒得之。他說，還住萊因河左岸之攸西配旦人（Usipetans）與湯克武賴人（Tencterans）的人口，包括婦孺在內，共爲一八〇、〇〇〇人。故每一民族約算一〇〇、〇〇〇人（註），這比全盛時代的易洛魁人還要多的多，那時易洛魁人不過是二〇、〇〇〇人口，但已成爲自大湖地方至俄亥俄（Ohio）及頗陀麥克（Potomac）全部分的恐怖了。倘使我們根據歷史的報告，將萊因河近旁最著名的諸民族配置起來，那麼每個民族在地圖上所占的地位，平均是普魯士行政區域那般大，即約爲一〇〇、〇〇〇平方基羅米突，或日耳曼地理學上的一八二方哩。然達于維斯杜拉（Vistula）的羅馬人之大日耳馬尼亞（Germania Magna），大概擁有五〇〇、〇〇〇平方基羅米突。若各個民族的平均人口算爲一〇〇、〇〇〇人，那麼大日耳馬尼亞的總人口，當上五百萬。這就一個野蠻的民族集團言，已要算是大的數目，雖然比之今日的狀態——一平方基羅米突住十人，或一地理學上的平方哩住五五〇——仍然是非常之小的。惟這個數目並未包括當時生存的日耳曼人全部在內。我們知道沿客爾巴阡(Carpathian)山脈以至多腦河一帶所住的哥德種之日耳曼民族——巴斯泰爾尼(Bastarnians)，倍基尼安(Peukinians)及其他——的人數是非常之多，因之普林尼(Pliny)就說他們是日耳曼人的第五種主要種族。遠在紀元前一八〇年，他們是馬其頓王百爾修(Perseus)的傭兵，當奧古斯都(Augustus)的初年，他們仍進軍至亞得里雅那堡(Adrianople)附近。假定他們不過是一百萬人，那麼在第一世紀開始時日耳曼人之概數，至少也當有六百萬人。

(註)此地所舉的數字，可由帶奧多剌斯(Diodorus)論及高盧(Gaul)的克勒特人之一節以說明：『在高盧有人口不等的許多民族住着。人口最多的約有二〇〇，〇〇〇人，最少的五〇，〇〇〇人。』(Diodorus Siculus, V., 25)即

平均數是一二五、〇〇〇人。高盧的各個民族，因比日耳曼人的發達程度要高，所以人口數也當估量得更多。

在日耳曼定住之後，人口數當必以加速度而增多。上述產業的進步即足為充分的證明。在什列斯威沼地所發見的物件，由一起發見的羅馬貨幣來判斷，是屬于第三世紀的。所以在那時候，金屬及紡織產業已在巴爾的海有很良好的發達，與羅馬帝國繁盛的交通已在進行，而富有階級之某種奢侈品的享樂也已開始——這種，都表示人口的增加。但同時日耳曼人侵入羅馬的戰爭，已在萊因河全線，羅馬的邊牆及多腦河，從北海以迄黑海之一帶發動。這又足為愈益增多而向外壓迫的人口之證據。在這個延長至三年的戰爭期間，哥德民族之全部主要種族，除出斯干狄那維亞的哥德人及勃艮第安人以外，皆向東南部進軍，形成為大攻擊線的左翼。在上多腦河的高地日耳曼人(Herminonians)向中央進攻，現在稱為法蘭克人(Franks)的在萊因河地方的易斯卡伏尼安人(Iskaevonians)則向右翼進擊。不列顛(Brittany)

之征服，終歸于印格伏尼安人(Ingaevonians)之手。至第五世紀之終，無力無氣無援助的羅馬帝國遂爲日耳曼人所攻入。

在前面數章中，我們是站在古代希臘及羅馬文明的搖籃邊。如今我們却正站在牠的墓旁了。地中海沿岸各國受羅馬世界權力之支配者已有數百年之久。希臘語既無抵抗的能力，其他一切國語也就被腐化的拉丁語所壓服。在那裏什麼民族的差別已不復存在，高盧人，伊伯利安人(Iberians)，力究利安人(Ligurians)諾立克人(Noricans)都沒有，他們都已變成羅馬人了。羅馬的政治及羅馬的法律，到處解除了古血族團體，因之破碎了地方的及國民的自治之最後的遺物。新生的羅馬文化對于此種喪失不曾有過什麼補充，因爲牠並不表顯任何國民性，牠祇是表顯國民性之缺乏。構成新國民的要求，到處存在。各州的拉丁方言愈加分化。但以前曾使意大利，高盧，西班牙，阿非利加爲獨立領土的自然的境界，依然保存，而且依然使牠們自已感到。只是把此等要素聯成新的國民之力量，尚沒有一處存在。發達力抵抗力之痕迹，也一點都沒有，至于創造力自更絕無了。那樣廣大領土中的龐大人類，所藉以共同約束的祇有一種紐帶，就是羅馬國家。但是這個國家其時已經成為牠的臣民之最惡的敵人與壓迫者。各屬領已把羅馬破壞了。羅馬固已成為與其他一樣的一個地方的都市，特權雖有，只是已不復是統治的，已不復是世界帝國的中心，已不復是皇帝及副皇帝的住所——他們是住在君士旦丁，特拉扶（Traves）及米蘭（Milan）。羅馬國家已成為一架異常複雜的機械，專用為榨取臣民的膏血。地方稅，國稅及各種賦役愈壓迫人民陷於窮困之底。因總督，收稅吏及兵士的勒索威逼，竟使這種壓迫到了難堪的地步。這便是羅馬之世界支配的結果。這一國家的生存權是建于對內維持秩序對外反抗野蠻人的基礎之上。然而這個秩序却比最壞的無秩序還更惡，那為國家自稱要抵抗以保護人民的野蠻人，却被人民高呼為救主。

社會狀態也同樣是絕望的。當共和制之最後數年間，羅馬的統治者業已發明無顧惜地榨取被征服諸屬領之方法。帝政沒有取消這種榨取，反而把牠規定。帝國愈趨于衰微，租稅及賦役愈加增高，官吏的掠奪中飽愈加不堪。商業與工業從未成爲支配的羅馬人之注重點。祇有在高利上，他們要比以前的及以後的別國民要優秀。由商業所創設以維持者，已被官吏的剝削所破滅。只有在東方，在帝國的希臘部分，尚留有一點商業，但這是在我們研究範圍之外的。一般的窮乏，交通，手工業技術之退步，都市的滅亡，人口的減少，農業之復歸於較低的階段——那是羅馬的世界支配之終局。

但在整個舊世界爲最卓著的生產部門之農業，如今再獲得未曾有的重要。在意大利，那從共和制末期以來差不多包括全領土的大地主制（Latifundiae）已用二種方法來利用：或者當作牧場，那裏只有牛羊而無人民，用幾個奴隸就可勝任看守之事；或者當作田莊，那裏用大羣的奴隸從事大規模的園圃耕作，半供所有者的奢侈享用，半爲向市場出售。大牧場一直保存，而且有幾處還有擴充。惟田莊及園圃耕作，爲了所有者的窮乏及都市的滅亡已趨於衰微。以奴隸勞動爲基礎的Latifundiae

經濟再也不能獲利；然在當時，牠是大農業惟一可能的形態。不過現在，小農生產復成為惟一有利的形態。田莊依次區分為小的地面，租給繳納一定租金的佃農，或者借給每年能得勞動生產額六分之一或僅九分之一的與其稱作佃農無甯稱為管理人之帕替阿里（partiarii）但這些小農地，大概是分配給移民，他們是每年納一定的款，且可與他們的農地一同出售的。這批移民雖不是奴隸，却仍非自由人；他們不能與自由人結婚，而且他們同類中的婚姻並不認為有效，僅同奴隸似的婚姻一樣，當作偏房（concubinage）看待。他們實是中世紀農奴之先驅者。

古代的奴隸制業已失去牠的活力。無論在行大農業的處所，無論在都市的工場手工業，牠都不曾生產任何更多的利益——因出售牠的生產物的市場業已消滅。帝國繁榮時代之偉大生產如今雖已萎縮，而成為小農業及小手工業，但牠也沒有可收容多數奴隸的任何餘地。只有供富人家內及奢侈用的奴隸，尚為社會所保留。但這個正趨衰滅的奴隸制尚儘有力量足以使人鄙視一切生產的勞動為奴隸的工作，且降低了自由的羅馬人的威嚴；如今人人固皆是自由的羅馬人了。這樣，一方成爲主人重荷的過剩的奴隸之數愈減，他方移民及乞丐化的自由人（恰與在美洲各奴隸省的窮苦白人相似）就愈多。基督教對於古代奴隸制之徐徐衰滅，完全不負責任。因爲牠在數世紀間已參與着羅馬帝國之奴隸制。牠決不會阻止日後基督教徒之奴隸買賣，如在北方之日耳曼人的，在地中海之威尼思人（Venetians）的或後世的黑人賣買。（註）奴隸制是死滅了，因爲牠已不復能有補償。然牠留下了牠的有毒的刺，即汚蔑了自由人的生產勞動爲微賤下劣。牠引導羅馬世界走入狹弄中——羅馬人是不能由此逃避的。奴隸制在經濟上爲不可能，而自由人的勞動却受着道德上的侮蔑。其一已不復能存在，其他尙不能成爲社會生產之基本的形態。這時候除出完全的革命以外，別無可走之路了。

（註）據格里摩拿（Cremona）的主教力烏特普蘭（Liutprand）說，第十世紀在維丹（Verdun）即在所謂神聖羅馬帝國之主要產業，是去勢男子（eunuchs）

的製造，這批人是輸出至西班牙，供摩爾斯（Moors）後宮之用，可獲大利。

在各屬領的情況，也不見得更好。我們所有關於此事最完全的報告，是由高盧來的。在那裏，除移民之外，尙有自由的農民與之並存。爲對於官吏，審判官及高利貸之橫暴以謀自己的安全起見，他們時常求助於一個有力者之保護。而且不僅各個人如此做，卽全團體也復如此，因之第四世紀的皇帝屢次發布命令以禁止此種行爲。但此種保護對於移民究有什麼好處呢？保護者對他們提出這樣的條件：他們把土地的所有權轉讓給他，而他則以保證他們的終身自由享用其土地爲報。——這是一個陰謀，是神聖的教會所記住，當第九世紀及第十世紀，爲了上帝的更大的榮譽所大胆做行的。然在第五世紀，卽約四七五年時，馬塞（Marseilles）的主教塞爾維亞奴（Salvianus）尙怒斥此種的竊盜，且說羅馬的官吏及大地主之壓迫如此已甚，故有許多『羅馬人』已逃至爲野蠻人所占領的地域，再也沒有受羅馬人支配的

第八章　在日耳曼人間國家之形成

那樣厲害的恐怖了。同時父母們常把自己的子女賣爲奴隸之事，可由禁止此種行爲所發布的法律以證明。

日耳曼的野蠻人因有使羅馬人從他們本國解放出來之功，遂占有他們全體土地的三分之二，自行分配，作爲報酬。這個分配是依氏族制度而行的。因勝利者的人數比較的少，故大部分的土地依然未被分配，爲民族，部落或氏族所占有。各氏族用抽籤的方法，將耕地與草地分給各個家屬。至於那時候的分配是否反復舉行，我們不得而知。但無論如何，這種辦法在羅馬諸屬領是不允卽廢止的，各人所分得的地變爲可以出售的私有財產，卽所謂自由保有不動產（allodium）。森林及草地依然未經分配，而爲共同的利用。這一利用及所分得土地的耕種方法，由慣習及全體的決議以規定。氏族在牠的村落內愈久住，日耳曼人與羅馬人的事情愈融洽的話，親族關係的性質就愈消失，而地域的約束便愈鞏固。氏族在馬可共同體中雖然消滅，但牠的成員仍然表顯出親族關係的痕迹來。那在馬可共同體仍舊保存的各國

——北部法蘭西，英吉利，德意志，及斯干狄那維亞——氏族制度逐漸沒入於地域制度之中，且因以獲得適應一個國家的能力。惟這種地域制度保留了爲全氏族制度特色的原始民主主義的性質，故即在後來受强制而頹廢的時候，還得維持氏族制度的片斷。這就是留一件武器在被壓迫者的手中，卽至現在還可供他們隨時使用。

這樣在氏族內血統的約束之忽然喪失，當作征服的結果，自必引起部落及全民族的氏族制度機關之頹廢。我們知道對于被征服的人民之支配是不和氏族制度相一致的。這裏我們就有機會可以大規模地觀察。做羅馬各屬領之主人的日耳曼民族，自須把他們所征服者加以組織。但是他們旣不能把羅馬人當作團體收容到他們的氏族中，也不能用氏族機關去統治。于是在大部分尙保存的羅馬地方行政團體之上，不能不設置一個可以代氏族機關之代替物，而這一代替物必須是另一個國家才可。因此氏族制度的機關不得不變爲國家的機關，且在形勢緊急之際，牠就很迅速地成功了。現在征服民族之最初代表人是軍事領袖。爲對內對外確保被征服領土起見，有增大他的權力之必要。由軍政轉入王政的時機由此到臨。而且這個改變竟實現了。

試舉法蘭克王國爲例。勝利的薩利安人（Salians）不僅占有了廣大的羅馬國有地，且也占有了未被分配給大小馬可共同體的全部大土地，特別是全部大森林地。如今已成爲眞正君主的法克蘭王所行之第一件事，便在轉化國民的財產爲王家的財產，從民衆方面盜來以之贈與或借給他的隨兵。本來爲他個人的戰時從者及下級的軍隊指揮官之隨兵，因有懂得書法，受過教育，熟悉羅馬的語言法律以及拉丁的文學而見重于王之羅馬人即羅馬化的高盧人，其數爲之大增。但奴隸，農奴及被解放的奴隸也成爲他的廷臣。從這些人中間，他選出自己的寵愛者。最初，他們獲得公有地的贈與，後來這種利益大抵在王的生存中被授與。這樣新貴族之基礎是靠犧牲了民衆以造成的。

但不僅如此而已。領土大擴張的帝國是不能由舊的氏族制以統治的。首要協議會，即令沒有長期消滅，但也已不能召集會議。所以不久牠就爲王的供奉員所替代，舊的民會之外貌雖依然存在，但也變成軍隊的下級指揮官及新興的貴族之會議。

恰如以前在共和制末期的羅馬農民然，如今構成法蘭克民族大衆的自由的土地所有者，也因爲永遠的內亂與征服的戰爭而趨於疲憊與貧乏了。他們那些曾形成爲全部軍隊而在法蘭克王國之征服以後又成爲核心的人，當第九世紀之初，已經陷於這樣窮困的地步，所以連從五人中選出一個兵士以作戰，也幾乎不能辦到。以前由王直接召集的自由農民的軍隊，今則以由新興貴族的僕役所組成的軍隊代之。在這些僕役之中，還有那些隸屬民，即只認有王不認有主人甚至在更早的時期連王都不認的農民之後裔。在卡爾大帝(Charlemagne)後繼者的治下，法蘭克的農民階級之零落，因國內戰爭，王權的衰弱，以及相應於此的貴族的跋扈而益加甚。這些貴族因由卡爾大帝任命爲郡（Gau 是比『馬可』更大的領土——譯者註）的長，而身分益高，他們且謀獲得這一官職的世襲，最後更因諾曼人(Norm a ns)之侵入，遂完成了農民階級的解體。卡爾大帝死後之五十年，法蘭克王國毫無抵抗地伏在諾曼人的脚下，正和四百年前羅馬帝國之伏在法蘭克人脚下一樣。

不僅外部的無力差不多相同，即內部的社會秩序或者甯是社會的無秩序也幾乎相同。法蘭克王國的自由農民，覺得他們自己是處於和他們的先驅者卽羅馬的移民相類似的狀態。他們被戰爭和掠奪以致零落，祇好求保護於貴族及教會，因爲王權已經過於衰微，再也不能保護他們了。但爲獲得保護計，他們必須付高的代價。與以前的高里亞(Gallic)農民一樣，他們須將土地所有權讓給他們的保護人，轉向他們用種種的形態，當作承租人收回土地，但往常總祇是用勞役及納稅以取回的。——經陷於這樣的隸屬的形態，他們就逐漸喪失他們個人的自由。在數世代之後，他們大都已變成農奴。至於自由農民之沒落是如何的快，可由當時在巴黎附近，如今在巴黎之中的 Saint Germain des Pres 修道院之土地紀錄證之。在修道院附近，廣大的所有地上，有二七八八戶的人，差不多全是取日耳曼名字的法蘭西人，在卡爾大帝時代尚生存的；其中有二〇八〇戶是移民，有三五戶是半自由農奴（litae），有二二〇戶是奴隸，祇有八戶是自由所有者。以前由薩爾維亞奴宣告爲非神的行爲，即保護人要求把土地所有權讓於他們而給以前所有人以終身利用土地之權的習慣，如今已由教會在對付農民時一般地實行了。現在已漸趨流行的强迫勞動，是依照羅馬的安澤力亞(angariae)即爲國家的强制服役，又按照日耳曼馬可團員爲修橋造路及其他共同目的的工作之服役，而保持那種原型的。這樣看來，在種種外觀上，住民的大衆在四百年之後，已到達同一的舊目標了。

然而那不過證明如下的二點：第一，在趨於沒落的羅馬帝國內社會的分化及財產的分配，是完全適應於當時農業及產業上的階段，因之是不容避免的；第二，這一生產階段當以後的四百年間，在本質上未見向上，也未見衰落，從而以同一的必然性，產生出同一的財產分配與同一的人民階級。在羅馬帝國之最後數百年間，都市對於地方所有的支配權業經消失，到了日耳曼人統治之最初數百年間尙未見恢復。這是以低級的農業與產業之發達階段爲前提的。此種一般的形態必然的產生支配的大地主與隸屬的小農民。要使用奴隸勞動的羅馬 latifundian 經濟，或用强迫勞動的新的大規模生產，和這種樣的社會相接近，其爲如何不可能，可由卡爾大帝之大規模的然而差不多不留痕迹在後的有名的皇室莊園之實驗以作證明。這種實驗僅由修道院以繼續，所以僅對修道院發生利益。但修道院是以獨身生活爲基礎的變態的社會團體。他們雖能做例外的事情，然正因此故祇好一切止於例外。

然在這四百年間，也嘗有些進步。縱令我們在臨了所發見的主要階級是與在當初的一樣，但構成這種種階級的人間固已有改變。古代的奴隸制已歸消滅；輕視勞動爲奴隸之乞食化的自由人也已絕迹。在羅馬的移民與新的隸屬民之間，有了自由的法蘭克農民存在。那趨于滅亡的羅馬民族之『無用的記憶與枉然的抗爭』已死亡而葬沒了。第九世紀之社會階級，是形成于新文明之陣痛中，却不在于沒落道上的文明之頹廢中。新的種族，無論是主人，是僕從，比之羅馬的先驅者，則皆是男子的種族。爲在古代世界終於非沒落不可的那有權力的領主與服役的農民之關係，在法蘭克人方面，却是新的發達徑路的出發點。還有，在這四百年間雖似怎樣的不生產，可是他們曾留下一件大的生產物——即近代的國民性，爲下一期歷史的西歐羅巴人類之改造及分化。日耳曼人在實際上確已給歐羅巴以新的生氣。所以日耳曼時代國家之解體，並不以如諾斯薩拉森(Norse-Saracene)人之屈服而終，却以王家受惠者的財產之繼續增進及對封建制之繼續降服(commendatio)，而且在不及二百年之後雖有十字軍的大流血也不受到何種損害的那樣人口之大增加而終。

然日耳曼人用以灌輸新生命給趨於死滅的歐羅巴之神祕的魔術是什麼呢？是不是有如我們主張侵略外交的歷史家所描寫，爲日耳曼民族固有的魔力呢？決不是。自然，日耳曼人是天賦優秀的雅利安支族，尤其在當時，是正在有力發達的過程中。但他們所用以使歐羅巴返老還童者，並不是他們特別的國民性，而祇是他們的野蠻性，他們的氏族制度。

他們的個人的效能與勇氣，他們的愛好自由，以及他們的視一切公共事務為自己事務的民主主義的本能，總之為羅馬人所已消失但祇有靠牠才能從羅馬人世界的泥濘中，形成新的國家又生長新的國民性之一切此等性質——牠們除出是上期野蠻人的特徵，氏族制度的果實以外，又將成什麼呢？

倘使他們改造了一夫一妻制的古代形態，緩和了在家族中男子的支配，且給女子以比古代世界所曾知道的更高的地位時，那麼若不是他們的野蠻，他們的氏族制度，從母權制時代繼續存在的繼承制，又將有什麼東西能使他們這樣做呢？

倘使他們能至少在三個最重要的國家——德意志，北部法蘭西及英吉利——把純粹氏族制度的痕迹，即馬可共同體，安然地移於封建國家，且因此能給被壓迫的階級即農民，以地方的團結及抵抗的手段，即使是在最苛刻的中世農奴制之下——這種抵抗手段是古代的奴隸和近代的普羅列搭利亞，皆未曾把持到的——要是也不是他們的野蠻，他們的全然按照氏族定居的野蠻樣式，又將歸功於什麼呢？

最後，倘使他們能把在故國所奉行的，又在羅馬帝國也逐漸代奴隸制而興起的那種溫和的服役形態發達起來，又普遍地介紹過來時，——若不再是他們的野蠻，使他們得不至於成爲既不如古代勞動奴隸形態，也不如東方家內奴隸形態之完全奴隸制，又將何由而致呢？

這種較溫和的服役形態，有如傅立葉所最先說明，是給被壓迫者以當作階級而漸次解放的手段的 (fournit aux cultivateurs des moyens d'affranchissement collectif et progressif)；所以爲比不經過渡階段而個人得直接解放的奴隸制更優越的狀態。古代並不知道用反叛以廢止奴隸制，但中世紀的農奴却逐漸實現當作階級之他們的解放。

日耳曼人所用以扶植羅馬人社會的每種生命力與生產力，莫不歸於野蠻。實際上，得以蘇生那呻吟於垂斃的文明之世界者，僅只有野蠻人爲有這能力。而日耳曼在移民之前所謀到達的野蠻上期，恰正好預備他們做這個工作。所以這一件事就可說明一切。

第九章　野蠻與文明

我們已經從希臘人羅馬人及日耳曼人三種具體的實例中，見到氏族制度之解體；現在在結論中，就要來研究一般的經濟狀態，那是當野蠻上期因顚覆了社會的氏族組織而開始，又當文明初啓時把牠完全除去以告終的。馬克思的『資本論』便將與摩爾根的『古代社會』同爲完成這件工作所必要。

在蒙昧中期所發生，在其上期更發展的氏族制度，就我們的資料所得判斷的限度內，是在野蠻下期達到了牠的全盛時代。於是我們的研究也就從這一階段開始。

從我們的標準實例，即當時的美洲紅色人中，我們見有完全發達的氏族制度。一個部落已區別爲好幾個氏族，大體則分爲二。因人口的增加，這個原始的氏族復分裂爲許多的女兒氏族，且使母氏族成爲大氏族。部落自身分成許多部落，在每個部落中，我們又遇見許多舊氏族的代表。在某幾種例子上，有聯盟以結合近親的部落。這一單純的組織，是能完全使牠所由發生的社會狀態滿足的。牠不是別的，祇是這種狀態所固有的自然發生的集團能了，而且牠對於在這個社會組織的內部所發生的困難，大有緩和的可能。對於外部的糾紛則由戰爭來解決。這一種的戰爭只能以部落的滅絕而告終，却决不能以牠的征服而告終。這是不容有支配與隸屬存在的氏族制度之偉大點，而同時也是制限點。對內，權利與義務間的差別尚未發生。是否他有權利參加公務，實行復仇或要求賠償之問題，在印第安人看來，將與他是否有吃飯，眠覺，打獵的義務這一問題，同樣的荒謬。氏族或部落分成爲各種不同的階級之事實也不容發生。這就引導我們來研究這種狀態之經濟的基礎。

人口在數量上是極稀薄。它僅在部落的領土上密集以居。在領土的周圍，是絕區廣大的獵地。再有中立的森林作爲和他部落的分界線。分業是很自然發生的。牠僅在兩性間而存在。男子外出作戰，打獵，捕魚，製備食料及此等事業所需的工具。女子管理家事，預備衣食，以及烹調，紡織，縫紉。兩性各爲自己活動領域上的主人——男子在森林，女子在家內。兩性又各占有自己所製造及使用的工具——男子是武器，漁獵用具的所有者；女子是家庭貨物及器具的所有者。家屬是共產主義的，包括數個，而且常是許多的家族。(註)凡由共同所產生及使用的東西都視作共有財產：家屋，庭園，長舟。在這裏，也祇有在這裏，我們才見有『自己辛勤得來的財產』，即爲法學家及經濟學家所假稱爲文明社會所有，而爲近代資本主義的財產所由倚恃爲合法之最後欺人的口實。

(註)特別是在美洲的西北海岸；見班克洛夫(Bancroft)。在沙羅德后群島(Queen Charlotte Islands)的亥達人(Haidahs)中，有在一屋脊下同居至七百人之多的家屬。在努特卡人(Nootkas)中，全部落住在同一屋脊之下。

但人類並不是到處止於這個階段的。在亞洲，他們發見可以馴養又可以繁殖的動物。野生的雌的水牛雖必須獵得；但被馴養的牝牛每半年可生一頭小牛，并得繁常供給牛乳。有幾種最進步的部落——雅利安人（Aryans），塞姆人（Semites），恐怕還有條耳民族（Turanians）——最初專以家畜的馴養，後來則以家畜的繁殖與飼育爲他們主要的勞動部門。牧人部落從其餘的野蠻人分化出來，實爲最初的社會勞動之大分業。這種牧人部落不特比其餘的野蠻人產生更多的食物種類，也且產生不同的生產門類。他們之所以優於他人，不僅因爲他們占有多量的牛乳，乳製食物及更豐富的肉，也且因他們有獸皮，羊毛，山羊毛，及由繼續增多的原料以致普遍應用的紡織物。從此，有規則的交換才開始可能。在以前的階段中，交換僅能偶然舉行，而在武器及工具之製造上的特殊的才能或許已經引起了一時的分業。舉例來說，新石器時代的石器工場之無疑的遺跡，已在許多處所發見。在那種工場中發展他們才能的技術家，恐怕是和印第安氏族制度中的技術家一樣，爲全體以工作的。總之無論如何，當那個階段，除出在部落內部的交換以外，是不能有他種交換的，而且便是那部落內的交換還是一種例外。但從牧人部落分化以後，我們見有種種條件是傾向於在異部落的集團間之交換，且傾向於使這種買賣方法更發展而成爲固定的制度。本來，部落與部落間的交換是要經過部落長之手的。但到了畜群歸於各個人私有，於是個人間的交換愈加流行，直至成爲確定的形態。牧人部落在交換上所給於鄰人的主要商品是用家畜的形態的。因之家畜遂成爲用以評價其他一切商品以便交換的得意商品。要之，家畜在這個階段中，是帶有貨幣的功用，且已盡了貨幣的使命。以這種樣的必然性與急速，便在商品交換的發端期，發達了對於貨幣商品之要求。

大概爲野蠻下期的亞細亞人所未知道的庭園耕作，在雖遲也不出中期的時候，已當作田野耕作的先驅而發生了。條耳民族高地的氣候，若不預備好供長而嚴寒的冬期用之食糧貯藏，是不許有遊牧生活的。因此牧畜栽培與穀物耕種就成爲不可少的條件。這就黑海以北的草原而言，也復相同。爲家畜用之穀物一經生長，立刻便變了人類的食物。耕地雖尙屬於部落且最初指定爲氏族所有，但後來由氏族把牠分配給家屬，最後更給了個人；然他們僅能使用，却不許占有。使用人或者有某程度的土地所有權雖未可知，但不能比這更多。

在這個階段的產業獲得物之中，有二種是特別重要的。第一種是織機；第二種是鑛石的熔解與金屬在製造上的利用。銅，錫及用兩者合成的青銅，算是牠們中之最重要者。青銅供造工具及武器之用，但不能替代石器。祇有鐵可以替代，但鐵的生產物尚未被知道。金與銀是已用爲裝飾，且一定比之銅與青銅要貴重得多。

在一切部門——牧畜，農業，家內的手工業——的生產之增進，是使人類勞動力生產比維持生活所必需的更多之物。同時牠更增大氏族家，或單一家族的每個成員所負担之每日勞動量。新的勞動力之參加，是所歡迎的事情。牠由戰爭而得供給——把俘虜轉變爲奴隸。在一定的歷史條件之下，社會勞動之最初的大分業，是因勞動生產性之增進，富之加多，又因生產活動領域之擴大，必然地要引起奴隸制的。從社會勞動之最初的大分業，發生了社會之最初的大分裂，即主人與奴隸，搾取者與被搾取者之二階級。

至於怎樣又在何時把屬於部落或氏族共同所有之畜羣轉化爲各個家族長的私產，我們尚不得而知。但牠之在這個階級，已經實際完成，是無疑的。如今畜群及其餘的新財富，引起了在家族中的革命。獲得謀生的手段，常是男子的事情。生產的工具是由他所製造，也卽爲他所占有。畜羣是新的生產工具，牠們的馴養與繁殖便是他的工作。因此家畜與交換的商品與奴隸，皆屬他之所有。如今由生產所得的一切盈餘就落在男子手中。女子雖得一起享受，但不得要求占有。『粗野』的戰士與獵人以在家內占第二位，讓女子居上席爲滿足。惟『較溫和的』牧人，恃有自己的財富，僭居首位，而强迫女子退居第二位。她也覺得不到時機以申訴不平。在家內勞動的分業，已規定了夫妻間財產之分配。這一種的分工就繼續着依舊不變。只因如今在家族外的分工已經改動，所以從來的家內關係爲之顛倒。與以前同一的原因，卽保證女子在家內的支配權的——限制女子專做家內的勞動——現在却保證了男子在家內的支配權。因女子的家內勞動比起男子謀生的工作來，實屬不關重要。後者是一切，而前者是一不足取的附屬品。在這個古的時代，我們已能看出女子的解放以及她們對男子的同等，只要在女子不得參加社會的生產勞動而受制于家內勞動的限度以內，終是不可能而且永久如此的。女子的解放，要到女子得以大範圍地參加社會的生產事業，而家內勞動僅在不重要的程度內要求她們担任的時候，才有實現的可能。這一種的情境，是由近代的大工業所引致的，近代的大工業不僅容許女子得自由參加生產事業，而且實際上正有要求于她們，此外更企圖將家內勞動也轉化爲公的產業。

男子到了握有在家內的實際支配權，是對于他的普遍支配權的最後障礙物也被除去的徵兆。這種無限制的支配，因母權制之顛覆，父權制之發生，對偶婚之徐徐過渡于一夫一妻制，益得重視與永久化。牠對舊的氏族制度就給與一個打擊。因一夫一妻制成爲一種勢力，且對抗氏族加以威脅之故。

其次一步導我們到了野蠻的上期，即爲一切文化民族在此通過牠們的全盛時代的。這是鐵劍的時代，但也是鐵犁與鉄斧的時代。鉄已成爲人類的僕役。這是在歷史上盡過革命任務的一切原料中最後而且最重要者。——假使我們把馬鈴薯除外，是最後的。

鉄產生了大規模的田野耕作，開墾了廣大的森林地域。牠供給手工業者以這樣堅牢而銳利的工具，就沒有任何的石，任何別的知名的金屬能與之相抗。這些都是逐漸形成的。最初的鐵常比青銅還要柔軟。所以石器是很慢很慢才消滅的。不僅在喜爾得布蘭之歌（Hildebrand Song）裏，又在一〇六六年的哈斯丁斯（Hastings）一役中，尚見有石斧用以戰鬥。但進步終是不可抗拒，差不多沒有間斷，只是更急速地進行。用石造的城壁及塔樓以圍繞石造或磚造的家屋之都市，成爲部落或部落聯盟之中心地。這很可以表示建築術已有驚人的進步，然也足見危險的加多與要求防衛的急切。財富固增進得很快，但那是各個人的私財。織業，金屬工以及其他愈益分化的手工業，使生產上的樣式與精巧愈益發展。農耕除供給穀物，豆類及果實以外，還供給那製法如今已經學得的油及葡萄酒。像這一種多樣的活動，已非復任何個人所得完成的了。于是勞動之第二種大分業就發生——手工業從農業分離出來。正在生長的生產強度與增大了的生產性提高了人類勞動力之價值。在前一階段尚在發生中又不過散在各地的奴隸制，如今已成爲社會組織之基本部分。奴隸們已不復僅居於輔助的地位。他們如今已被大批的驅到田野中工場中去勞動。生產分爲農業與手工業之二大部門，同時就成立了爲交換的生產，即商品生產。商業也在這個時候發生，不僅行於部落的內部及境界上，也且有越海而行者。然此等一切尚都屬極未發達的狀態。貴金屬雖已被重視，當作一般的貨幣商品，但依然未經鑄造，且視現實的重量以行交換的。

其時在自由人與奴隸之外，又加上富者與貧者的區別。這個與新的分業都構成爲社會之新的階級分裂。各個家族長所有財產數量之差別，陸續地破壞了舊的共產主義的家屬，祇要在牠們迄今猶在保存的地方。而爲全團體所行之共同耕作也告終結。耕地分配給各個家族使用，當初是定期的，後來却變爲永久的讓與。到完全私有財產的過渡，是徐徐地且與由對偶婚到一夫一妻制之過渡並行地所完成。一夫一妻家族開始成爲社會之經濟單位。

人口增多之後，遂有爲對付內敵與外敵大家結成更密切的關係之必要。於是近親部落之聯盟就成爲不容避免的事情。不久，牠們的合併，乃至各別的部落領土之向一個民族全領土之合併，就跟着發生。軍事的領袖——rex, fasileus, thiudans——成爲不可缺少的常設的官職。民會發生在尙未存在過的處所。軍長，協議會及民會形成爲那由氏族制度中所產生的軍事民主主義的諸機關。軍事民主主義——因現在戰爭及爲戰爭的組織，是社會生活之正規的職能。隣人的財富挑撥了那開始視獲得財富爲他們生活目的之一的民族的貪心。他們是野蠻人：掠奪在他們看來，是比從事生產勞動爲更容易且更榮耀。以前僅僅爲對於侵略的報復或爲擴大太狹小的領土的手段之戰爭，如今祇爲了掠奪而行，且成爲正常的事業。高峻的城牆氣勢森嚴地圍繞着新設有堡壘的都市，這樣子並不是無謂的：廣開着大口的濠表明是氏族制度的墳墓，而尖塔則聳立在文明之空。至於內部的事情也受了同樣的變革。掠奪戰爭增大了最高軍長及下級指揮官的權力。由同一家族選出後繼者的習慣，逐漸轉變爲世襲的制度；這種世襲，最初是由於默許，其次由於要求，最後便由於篡奪。因此世襲的王位與世襲的貴族之基礎爲之安定。氏族制度的機關，也這樣漸從民族，部落，大氏族及氏族中絕了根源，全氏族制度適變爲相反對之物。爲事務的自由處理而設立之部落組織，轉成爲隣人的掠奪與壓迫之組織。氏族的機關也由民意的工具而變爲壓迫自己民衆的獨立機關。但這種事情，如果對於富的欲望未曾把氏族員分成富者與貧者；如果『同一氏族內的財產差別未曾把利害的一致轉化爲氏族員的敵對』(馬克思)；又如果奴隸制的推廣，未曾因視謀生的行爲爲奴隸的工作且更比掠奪爲可恥，那麼是斷不會發生的。

＊　＊　＊　＊　＊

現在我們到了文明的入口。這一階段是由分業上的一種新的進步所開始。在野蠻的下期，人類單爲了自己的使用而生產；有時雖也有交換，但都是個別的性質，當有盈餘出現時才行的。至野蠻中期，我們見到家畜的占有，對於蓄有大畜羣的遊牧民族已供給正常的盈餘。同時在遊牧民族及沒有畜群的後進民族之間有了分業。還有並存的兩種不同的生產階段準備了爲正常的交換所必需之條件。至野蠻上期，有了農業與手工業間的分業，從而發生了專以交換爲目的的商品之繼續增量的生產，以致各個人間的交換成爲社會生活所必要之機能。文明使一切已確立的分業加强而增劇，尤其是更激成了都市與農村的對立。這裏或者有如古代，都市握有對農村的經濟支配，或者反之，有如中世紀，農村握有對都市的經濟支配。于此尚有第三種分業因文明而添加：卽創出了一個階級，牠並不參加生產事業，惟專從事于生產物的交換——商人。以前一切階級形成的發端，是專與生產有關係的。牠們把生產者分爲管理者與實行者，或者分成大規模的或小規模的生產者。然至此開始出現一個階級，卽絲毫不參與生產事業，而奪得一般的生產管理，且使生產者隸屬于牠的支配。這一個階級成爲兩個生產者間不可缺少的中間人，且向兩方面實行搾取，其口實則在爲他們省去交換的困難與危險，爲擴張他們生產物的市場到遠離的地域，因而自己成爲社會上最有用的階級；這一個階級是由寄生物，純粹之社會的寄生動物所成的，牠從國內及國外的生產吸取精華(cream)，算爲非常不重要的服役之報酬；牠積聚了莫大的財富，攫得了相應的社會的勢力；牠又爲了這一理由，博取了在文明全期間中日新的榮譽與生產上更大的支配，終於發現了他們自己獨特的生產物——週期的產業恐慌。

在此刻討論中的生產階段裏，我們的年輕的商人階級確尚未有對於那橫在他們前途的偉大希望之預感。但他們祗是繼續去組織，使自己貴重得非凡，這樣在當時固已儘充分了。同時金屬貨幣已經使用，藉此又發生了支配生產者及其生產物之新手段。那秘藏一切其他商品於其神秘懷中的商品之商品，卽得被任意轉化爲一切所愛好的或可欲的事物之魔術，已被發見。據有牠的人就掌握了生產的世界。但是誰比其他一切人多占有呢？是商人。在他的手中，貨幣崇拜是安全的。他專心于使一切商品，又從而使一切生產者必要拜跪於貨幣之前的這一事實，明白易曉。他由實際證明在這個富的具體化之前，一切其他形態的財產都不過是牠的假象而已。貨幣的力量，要能表顯像在牠青年時代那樣的原始的粗野與强暴，再也沒有了。在爲貨幣而出賣商品之後，繼起的是金錢貸借，其結果遂爲利息與高利。而且後世的任何立法，要像古代希臘及羅馬的法典那樣無慈悲地擲債務者於投機的債權者之脚下，是沒有的——這兩種法典都是除經濟壓迫外別無其他壓迫，當作習慣法而自然產生的。

商品及奴隸之富如今因土地大占有之富而益加增進。各個人對於以前由氏族或部落讓渡給他們的土地之所有權，因爲已經確定，故這些土地如今卽爲他們所占有且得世襲。最近他們所最希望獲得的，是從氏族共同體所有對他們的土地之要求中解放出來，因爲這種要求業已成爲他們眞實的束縛。他們果得從這個束縛中解放出來，——但是不久也就從他們的土地所有權中解放出來了。完全的自由的土地所有權之含義，不僅有無限制地占有的可能性，也且有出售牠的可能性。在土地屬於氏族所有的限度內，這種可能性是不存在的。但當新的土地所有者從氏族與部落之優先的財產之束縛中擺脫出來時，他連以前久遠地把他與土地結成不可離之關係的約束也破壞了。這件事所含有的意義，由和土地之私有財產同時發明的貨幣使他有所感知。土地如今可以成爲被買取與出售的商品。當土地的私有財產尙未實現時，抵當是已發生的了（見雅典）。如雜婚制與賣淫之緊跟於一夫一妻制之踵，自後抵當也緊跟着土地的私有。你們固已渴望自由的完全的可以出賣的土地。那麼正好，在那裏你們有了——tu l'as voulu, Georges Dandin；——這是你們自己的願望，喬治洞當！

這樣，產業的推廣，貨幣，高利，私有土地及抵當，同着財富之積聚及集中於少數人階級之手，一起進步，而大衆的愈趨窮乏，貧民的愈加增多，也跟着發生。新的資產貴族，在和舊的部落貴族並不合致的度限內，遂永遠迫後者退到後方（在雅典，在羅馬，在日耳曼人中）。而這種視他們的財富把自由人分成階級的現象，特別在希臘，就伴着發生奴隸數量之大增加（註），這種奴隸們的强制勞動遂成爲全部上層建築所建立的基礎。

（註）在雅典的奴隸數是三六五，〇〇〇人。在哥林多(Corinth)，當最盛時代爲四六〇，〇〇〇人，在伊齊那（Aegina）爲四七〇，〇〇〇人；在兩方面都十倍於自由市民的人數。

現在讓我們來看在這個社會變革之下，氏族制度變成功什麼東西。氏族制度對於不靠牠的助力而已經勃興的新要素，是沒有力量地站着。氏族制度存在的條件是靠氏族或部落的成員在同一領土內居住且成爲牠的獨占的住民。但那在許久之前就不如此了。氏族及部落到處被無望地混淆，奴隸，保護民及外國人雜居在市民間。在約當野蠻中期之終才獲得的定住，因由於商業的指揮，職業的變化與土地的轉移而有改動住所之必要，不斷地時被破壞。氏族團體的成員再也不能爲處理公共的事務而集會。祇有如宗教的祭禮那種不重要的事項，尙在虛應故事地舉行。在氏族團體原有顧慮的責任與能力之需要及利害之外，又有與之並行的新的需要及利害從生存條件的變革及爲其結果的社會分類的變化中發生。這種種新的需要及利害不特對於舊的氏族秩序無關係，而且在各方面還與之衝突。由分業所發生的手工業者的利害與農村對立的都市之特殊需要，皆要求新的機關。但此等集團之各個都由種種不同的氏族，大氏族及部落的人民所組成；他們甚至包括外國人在內。故新的機關必然地要在氏族制度之外以形成。但與氏族制度並行的意味實爲反對氏族制度。而且在各個氏族團體中，發生利害的衝突，這種衝突，更因在同一氏族及部落中，把富者與貧者，高利貸與債務者結合在一起，而達於頂點。還有，與氏族共同體無關係的新的住民大衆出現。這些異族人有如在羅馬，可以變成極有勢力，且因人數過多，不能爲氏族及部落所逐漸吸收。氏族對於這些大衆，當作有特權的各個人之堅固團體而對立。本來曾爲自然發生的民主主義，已轉變爲討厭的貴族主義。最後，氏族制度從不曾知有何等內部的衝突之社會裏發生，且僅對於這種樣的社會才適應。牠除輿論以外，不具有强制的力量。但如今有一個社會已經發展，這個社會靠牠的經濟的生活條件把人類分成自由人與奴隸，搾取的富者與被搾取的貧者。這個社會不僅决不能調解此種衝突，反而更激成牠們達於頂點。像這樣的社會是祇能由一切階級相互間的不斷的公開鬥爭，或者在那藉口於站在相鬥爭的階級之上，阻止他們公開的衝突，又僅容許在經濟領域上，用所謂『合法的』形態，以從事階級鬥爭的第三種權力的支配下面，可以存在。氏族制度已終止了生命。牠爲分業及爲其結果的社會之階級分裂所摧殘。牠由國家起而代之。

✽ ✽ ✽ ✽ ✽

在以上幾章中，我們已用三種具體的實例，表示了在氏族制度的廢墟上建立國家之三種主要的形態。其中雅典代表最單純的，古典的形態——在這裏，國家是直接地又主要地由在氏族社會內部發展的階級對立中發生的。在羅馬，氏族制度在許多站在外部祇有義務而無權利的平民之中，成爲排他的貴族主義。平民之勝利雖爆破了舊的氏族秩序，且在牠的廢墟之上建設國家，但不久氏族的貴族與平民都在國家之中融化以盡。最後，在征服羅馬帝國的日耳曼人中，國家是當作非氏族制度所能支配的直接由大的外國領土之征服的結果所發生。但是這一征服，並不一定要和舊住民發生嚴厲的戰爭，或者更引起進步的分業。因征服者與被征服者之經濟的發達階段差不多是相同，從而社會之經濟的基礎可以依舊不變。氏族制度也由此得以在數百年間，用馬可共同體的形態，保存一種不改變的領土的特性，且甚至得在後世的貴族及 patrician 家族中，或在農民家系中，例如在狄得馬西(Dithmasia)(註)中的，把自己復興起來。

(註)對於氏族的本質至少有點曖昧觀念的最初的歷史家是尼布爾，那是由於他的熟悉狄得馬西地方的家系而成功的。但他的謬誤也當由同一的資料負責。

這樣看來，可見國家決不是由外部强制社會的一種權力；同樣，牠也不像黑智爾(Hegel)所主張，是『倫理的觀念之現實性』，『理性之影像及現實性』。牠不過是在某一進化階段中的社會之生產物。牠是這個社會已經無望地分裂以對抗自身，已經把自身陷於不能和解的矛盾中又無力量以消除矛盾的自白。爲要使此等矛盾，此等有相對抗的經濟利害之各階級不於無益的鬥爭中絕滅自己及社會，故有一種權力成爲必要，即在外觀上立於社會之上，具有鎭壓衝突及維持『秩序』之功用的。而這個從社會中生長，但假裝居於社會之上位且愈趨於遠離社會的權力，便是國家。

國家和氏族制度區別的所在，第一是在牠由領土以區分國民。因爲我們已經見到，團結氏族團體的血族關係之舊帶，爲了牠們是依靠如今不復成爲事實的條件卻全體氏族須住在一定領土之上，故已變成沒有效力。領土雖還是一樣，但人類已有變動。故由領土的區分就被選爲出發之點，使市民不必顧慮氏族及部落之爲何，只要在他們住定的處所，實踐他們的權利與義務。這個按照地域的住民之組織，是一切國家共通的特色。現在在我們看來，好像是自然的。但我們已經知道在雅典及羅馬，在牠得替代由血族關係的舊組織之前，是需要如何長久且激烈的鬥爭了。

第二個特點，是國家創設公的强制權力，牠和舊式自己組織的武裝的住民已不復合致。這個特殊的强制權力，因人民之自己組織的武裝自從社會分裂爲階級以來已變爲不可能，故殊屬必要。奴隸也屬於社會。比之三六五、〇〇〇人的奴隸，這九〇、〇〇〇人的雅典市民不過成爲一種特權階級。雅典民主主義的國民軍，是一種貴族的公的權力，用以壓迫奴隸的。但如前所述，爲維持市民間的秩序計，警察也成爲必要。這種公的權力，在一切國家中皆存在。牠不僅由武裝的人間以成，還具有爲氏族社會所不知道的附屬物，有如監獄及懲治場等。牠在階級對立尚未發達的社會中，及在隔離的領土中，有如在美國的某種地方曾經有過的，或許是極其微弱，幾乎是有若無的狀態。但在階級對立更趨激烈，近鄰的國家更增大而且人口更增多的地方，牠也以同一的比率强大起來。要舉顯著的實例莫如近代的歐羅巴，在那裏階級鬥爭及征服戰爭已把公的權力孕育長大，至足以吞滅全社會及國家本身之程度。

爲維持這個公的權力，就有國民負担的必要——租稅。這在氏族社會中，是絕對不知道的。但在今日我們已十分明白。因文明更有進步；這這租稅不復能應付公的支出。因此國家要有預算，募借款即公債。老歐羅巴就能說明這些情節。

官吏掌握着公的權力及征稅的權利，如今便當作國家的機關，高居於社會之上。以前所給與氏族制度各機關之自由的志願的尊敬，即令他們可以獲得，也不復能使他們滿足。爲與社會遠離的權力之代表人的他們，便必須厲行那種足以使他們變爲特殊地神聖而且不可侵犯的特別法，以取得尊敬。文明國家的最低級的警官，具有比氏族社會的全部機關聯合起來還要大的「權威」。但文明時代最有勢力的王侯及最偉大的政治家或將軍，也許要豔羨那最微弱的氏族長所獨得之自發的無可爭的尊敬。其一定於社會之中，其他却被迫得占居一個在社會之外又在其上的地位。

國家是起于抑壓階級對抗的欲望。但又因爲是從此等對抗之中所興起者，所以牠通常終是最强有力的在經濟上能支配的階級之國家，這一階級靠牠的經濟上的優越，也就成爲政治上的支配階級，且因此獲得抑壓并搾取被壓迫大衆之新手段。故古代的國家，是以壓制奴隸爲目的之奴隸所有者的國家。封建國家是爲壓迫農奴及隸屬農民之貴族的機關。而近代代議制的國家是資本家搾取工銀勞動之工具。然在某時期，例外的事情，如相鬥爭的階級互保均衡，使國家權力當作外觀上的調停者而一時獲得某程度的獨立性，也是有的。十七世紀及十八世紀的絕對王權，就居於這樣的地位，使互相對抗的貴族與市民階級暫保平衡。第一及第二法蘭西帝國的波那帕脫主義（Bonapartism）也是如此，那時是普羅列搭利亞特與布爾喬亞汜競爭，又布爾喬亞汜與普羅列搭利亞特競爭。支配者及被支配者同等地表演把戲的此種最近的傑作，爲俾士麥克式（Bismarckian）國民的新德意志帝國，在那裏資本家與勞動者得相互平衡，又爲了墮落的普魯士田舍貴族（cabbage junkers）的利益而同樣受騙。

在大部分歷史的國家中，國民所得的權利是按照他們的財產以區別的。由此卽可直接證明國家乃是爲保護所有者階級以對抗非所有階級之組織。雅典人及羅馬人之按所得分類是證明這個。中世紀的封建國家，政治的權力視現實的所有地之量以定，也是證明這個。近代代議制國家之制限選舉，又是證明這個。但這種財富差別之政治的承認，決不是本質的。反之，牠却表示國家發達的低級階段。最高的國家形態，卽民主主義共和國，公然不知有所謂財產差別。這種的國家形態，在近代的社會關係之下，愈益成爲不可避的必要物。在普羅列搭利亞特與布爾喬亞汜間的最後的決戰，只有在這種國家形態之下才能實現。在這種樣的國家中，財富之運用牠的權力，是間接的，但是更穩定的。牠的方式有二：或照着美國之古典的模型，用直接的官僚之腐化形態，或者用政府與銀行聯盟之形態。而後者當公債增多，當公司不僅把運輸手段又把生產自身都集中於牠們的手中，又利用股票交易所爲一中心點的時候，尤爲容易完成。美國和最近的法蘭西共和國，都是顯著的例子，而良善的老瑞士也在這一方面表演了牠的任務。然股票交易所與政府間的這種聯盟並不以民主主義的共和國爲必要，這除英吉利可爲證明以外，又在新德意志帝國也可證明，因在德國採用了普通選舉法，究竟俾士麥與布拉維道(Bleichroedor)兩人，誰得更多的票，還是疑問。而最後有產階級却直接由普通選舉法以支配。因祇要在被壓迫階級，在這裏是普羅列搭利亞特，尚未成熟到可以作他們的經濟解放的限度以內，他們的大多數人終是要把現存的社會秩序視爲惟一可能的秩序，且形成爲資本家階級的尾把，與最左翼。但普羅列搭利亞特向着自己解放之路愈成熟，他們也就愈構成爲獨立的階級，且選出不是資本家的而是他們自己的代表。普通選舉法即是勞動者階級成熟之測度器。牠在今日的國家中，不得有，也決不會是在此以上的。但僅此也儘算充分。到了普通選舉法的寒暑表表示勞動者階級間的沸點時，他們以及資本家自會知道做些什麼。

故國家並不是從永昔就存在的。沒有國家，對於任何國家或公的權力也無所知的社會，曾經有過。在因社會分成階級所必然引致的經濟發生上的某一階段裏，國家才成爲這種分裂所不容免的結果。我們如今是正在以急速的步調，行近生產發達上的一個階段，在這一階段中，階級之存在不僅已成爲不必要，且變了生產之積極的束縛。是以此等階級自將同以前之不可避地興起一樣，而不可避地歸於消滅。國家也必跟了牠們不可避地歸於消滅。以生產者自由平等的結合爲基礎以改組生產事業的社會，將把國家的全機構——那時牠將歸屬的——與紡車及青銅之斧相並，移入到古物博物館去。

＊　＊　＊　＊　＊

這樣，所謂文明也者，據以上的記載，乃是分業，由此發生的個人間的交換，及連結牠們的商品生產，在此達到牠們最高度的發達且變革以前全社會的一個社會之階段。

一切以前社會階段的生產，在本質上是共同的，而消費也在多少共產主義的小團體中由生產品的直接分配以進行。這種共同的生產雖只限於最狹小的範圍以內。但牠却含有由生產者支配生產過程及生產物的意味。他們知道他們的生產物變爲什麼：在未被他們消費之前，終是不離他們之手的。祇要生產是在這個基礎上運行，牠便不能超出生產者的支配以外，也不能創成任何反抗他們的不思議的怪物似的權力。然在文明時代，這乃是不可避的通例。

在這樣單純的生產過程之中，分業漸漸伸入。牠顚覆了生產及消費的共有，牠把各個人之生產物占有作爲通行的規則，且由此產出私人間的交換，其情形有如以前所述。徐徐地，商品生產成爲支配的形態。

這種爲了交換不爲自己消費的生產，必然地要把生產物從這人到那人地移轉過去。生產者在交換中讓渡了他的生產物。他不復知道這生產物變爲什麼。到了貨幣及常作生產者間之中人一經出現，交換過程變爲益形複雜。生產物的運命變爲益不明瞭。商人的數量甚多，他們中的一人並不知道別人在做什麼。如今生產物不單從手到手地轉移，也已從市場到市場地轉移。生產者固喪失了在他們生活範圍中的全生產之支配，但商人却尙未獲得這一支配。故生產物與生產都只好委之於偶然。

但偶然不過是關聯的一極而已，其他一極則稱爲必然。在那偶然似乎也有支配權的自然界中，我們已於許久以前論證過在一切方面規定偶然之徑路的內的必然性與合法性。但通用於自然的，也通用於社會。凡在一種社會的活動或許多社會的現象力量過强不能由人類支配之時，在牠們超出了人類的掌握中有若一任偶然支配之時，那麼這種過程所特有的而且內在的法則，就要用基本的必然性來形成偶然的徑路。這種樣的法則也支配商品生產及商品交換之變遷。對於各個生產者及交換者，這些法則可以說是外來的常不能知道的，其性質須待苦心研究解明的力量。商品生產之這種種經濟法則是隨這個生產形態的發達階段之差別而變化的。但一般地說來，文明的全時代是受這種法則的支配。故到了今日，生產物支配着生產者。到了今日，社會的全生產不由於統一的計畫而由於盲目的法則以統制，這種盲目的法則是以本源的(elementary)強力支配，且於週期的商業恐慌之暴風雨中找出牠們終局的出路的。

我們已經見到在很早的生產發達階段中，人類勞動力就能生產比維持生產者生活所需要多出異常之生產物。我們也已看出這個階段在大體上是和分業及個人間交換的開始相一致的。然距此不久的時候，人類自身也得爲商品。且由於把人轉化爲奴隸，人類勞動力也得被交換被利用的這個大眞理，就被發見。差不多人類間的交換一經開始，他們的自身也已被交換。不管人們要不要牠，主動的財產固已變成受動的債務了。

在文明期達到牠的最高發達的奴隸制，把社會分成搾取及被搾取階級的最初大分裂發生出來。這個分裂在全文明期間一直繼續。奴隸制是爲古代世界所特有的最初的搾取形態。以後跟着發生中世紀的封建制與近世的工資勞動制。這些便是隸屬之三大形態，是爲文明三大時代之特色。或者公開的或者如近代之假裝的奴隸制度，便是牠們的不變的特質。

爲文明所由開始的商品生產之階段，在經濟上是由以下四項的發生以作標徵：(一)金屬貨幣，從而貨幣資本，利息及高利貸；(二)當作生產者間中人的商人；(三)私有財產及抵當；(四)當作支配的生產形態之奴隸勞動。與文明相適應又成爲牠的顯著的慣習之家族形態，是一夫一妻制，是男子對女子的優越，及當作社會之經濟單位的單一家族。文明社會的總體是國家，而這種國家在所有典型的時期中，皆是支配階級的國家，而且在一切時期中還是主要地爲統治被壓迫被搾取階級之機關。此外尙有可爲文明的特徵者，一方面是由固定了當作社會分業基礎之都市與農村間永遠的對立；他方面是由發生了使財產所有者在死後尚得處分他的財產之遺言制。這種制度是直接給古氏族制度以打擊，且在希臘梭倫時代以前所未曾知道的。在羅馬，牠的實施雖甚早，但我們不知是在何時。（註）在日耳曼，是由僧侶輸入這一制度，以便使正直的日耳曼人得毫無妨礙地收他的財產遺贈於教會。

（註）拉薩爾的『既得權之制度』（Lassalle, System of Acquired Rights），在其第二部，大概是論說這一個命題的，即說羅馬的遺言制是與羅馬自身一樣的古，在羅馬歷史中，決不曾有過『無遺言制的時代』。照他的說法，遺言制倒是在羅馬以前的時代由死者崇拜以起源的。當作頑固的舊黑智爾主義者的拉薩爾，不由羅馬人之社會的關係，而由意志之『思辨的概念』以演繹羅馬法律之條文，且由此以達到這種完全非歷史的結論。我們對于那一本書，即基于同一思辨的概念，說出在羅馬的繼承制中，財產之轉移純是附屬的結果之結論的，自也不足為奇。拉薩爾不僅相信羅馬的，特別是在初

期的法學家之幻想，且還追過了他們。

用這種基本的制度，文明已完成了為古氏族社會無論如何所不能及的事物。但是這種的利用，是靠人類最下劣的情慾及本能之活動，且由犧牲了其他一切稟賦以發達牠們而後完成的。卑鄙的貪慾是從第一日以至今日的文明之主動的精神；第一是財富，第二是財富，第三還是財富；不是社會的而是弱小的各個人的財富，是文明的惟一而終局的目標。卽使科學之向上的進步以及時時返復的藝術之黃金期會落到文明的膝下，那也不過為了沒有牠們則現代財富之最高利益將不能獲得罷了。文明的基礎在於一階級之為他階級所搾取，故牠的全部發達是在不斷的矛盾中進行着。生產之一切進步，卽是被壓迫階級卽大多數人的生活條件之退步。一階級的一切利益，必然地是他階級的害惡，一階級的一切解放卽為他階級的新的壓迫。供給牠的最顯著的實例者，是由于機械的應用，其結果已為今日所熟知。在野蠻人間，如我們所見，幾乎是沒有權利與義務之差別的；但文明却使這兩者間的差別變成非

第九章 野蠻與文明

常顯明，無論如何愚蠢的人都不難知道。因爲現在對於一階級差不多給以一切的權利，而對於別一階級却差不多課以一切的義務。

但這樣的事並不是可以容認的。即凡對支配階級爲善的事情，主張對全社會也爲善——支配階級視全社會與他們自身爲一體。故文明愈增進，那麼由此所必然造成的害惡要愈掩飾着仁愛的外套，愈要辯解牠們或者否認牠們，總之要產生一種因襲的僞善，以達到如下的主張：被壓迫階級之搾取是由搾取階級專爲了被搾取階級的利益以行使的。如果後者不惟不認可牠，甚至變成叛逆，那麼這不過是對於恩人即搾取者之最惡毒的忘恩罷了。(註)

(註)我最初本打算把散見於傅立葉著作中有光輝的對文明之批判，與摩爾根及我自己的意見並載。不幸我不能有這個時間。現在我祇想說明幾句，即傅立葉已認一夫一妻制及土地的私有爲文明的主要特徵，又稱呼文明是富人對貧人之戰爭。我們還看出他有這樣的深沈的觀察，即各個人的家族（les

288

familles incoherentes)是一切不完全的因利害相反而分裂的社會之經濟單位。

而現在在結論中，讓我附說摩爾根對文明的批判(『古代社會』九五二頁)：

『自從文明開始以來，財產之增加如此廣大，牠的形態如此複雜，牠的應用如此擴充，而牠的管理爲了所有者的利益又如此巧妙，故牠對於民衆已成爲難以支御的權力。人類的精神在牠自身的創造物之前，迷罔地站着。然一個時代終要來臨，那時人類的理智將起而支配財產，且規定國家與國家所保護的財產之關係，以及所有者之義務與權利的限界。社會的利害絕對地居於個人的利害之上位，而且兩者必須引入於公正而調和的關係。如果同在過去時代一樣，進步依然當爲未來的法則的話，那麼單單財富的追求並不是人類最後的運命。從文明發端以來所過去的時間，不過是人類生活過去持續期間之一斷片；且也是未來當到臨的年代之一斷片。社會之解體可有終止那以財產爲惟一最後目標的歷史進路之希望，因這種樣的進路含有自己破壞的要素之故。政治上的民主主義，社會上的友愛，權利義務的平等，以及義務教育，即爲經驗，理智及知識所不斷地傾向着的下一較高階段的社會之前兆。牠將是古氏族的自由平等及友愛在一個較高形態的復活。」

家族私有財產及國家之起源

全一册

實價大洋八角

譯者 李膺揚

校訂者 周佛海

出版者
發行者 上海五馬路 新生命書局 棋盤街寶善里

版權所有
翻印必究

中華民國十八年六月十日出版
中華民國十九年三月三十日再版